Peter Bundschuh / Kathrin Thies

Krankheit und weitere personenbedingte Kündigungsgründe

Peter Bundschuh / Kathrin Thies

Krankheit und weitere personenbedingte Kündigungsgründe

5. Auflage 2022

Dieses Papier ist umweltschonend chlorfrei gebleicht hergestellt.

Bei der Erstellung des Buches wurde mit großer Sorgfalt vorgegangen; trotzdem können Fehler nicht vollständig ausgeschlossen werden. Der Rieder Verlag und die Autoren können für fehlerhafte Angaben und deren Folgen weder eine juristische Verantwortung noch irgendeine Haftung übernehmen. Für Verbesserungsvorschläge und Hinweise auf Fehler sind wir dankbar.

Geschäftsführerin:
Dipl. Psych. Heidrun Rieder

Erphostr. 40, 48145 Münster
Tel.: 0251/30133, Fax: 0251/30135
www.riederverlag.de

Umschlag Entwurf: Klaus Birk, Münster
Satz: Rieder Verlag, Münster
Druck: Books on Demand, Norderstedt

ISBN: 978-3-949340-20-8

Abkürzungsverzeichnis

aA	=	anderer Ansicht
Abs.	=	Absatz
AGG	=	Allgemeines Gleichbehandlungsgesetz
AO	=	Abgabenordnung
APS	=	Ascheid/Preis/Schmidt, Kündigungsrecht, 6. Auflage 2021
ArbG	=	Arbeitsgericht
ArbGG	=	Arbeitsgerichtsgesetz
ArbPlSchG	=	Arbeitsplatzschutzgesetz
ArbZG	=	Arbeitszeitgesetz
AuA	=	Arbeit und Arbeitsrecht
Aufl.	=	Auflage
BAG	=	Bundesarbeitsgericht (viele Entscheidungen kostenlos unter www.bundesarbeitsgericht.de)
BBiG	=	Berufsbildungsgesetz
B.-Brb.	=	Berlin-Brandenburg
BEM	=	Betriebliches Eingliederungsmanagement
BetrVG	=	Betriebsverfassungsgesetz
BGB	=	Bürgerliches Gesetzbuch
BVerfG	=	Bundesverfassungsgericht
B.-W.	=	Baden-Württemberg
DB	=	Der Betrieb
ders.	=	derselbe
EFZG	=	Entgeltfortzahlungsgesetz
ErfK	=	Erfurter Kommentar zum Arbeitsrecht, 22. Auflage 2022
Hess.	=	Hessen
HRG	=	Hochschulrahmengesetz
HS (2 BGB)	=	Halbsatz (2 BGB)
HWK	=	Henssler/Willemsen/Kalb, Arbeitsrecht Kommentar, 10. Aufl. 2022
KSchG	=	Kündigungsschutzgesetz
LAG	=	Landesarbeitsgericht
LAGE	=	Entscheidungen der Landesarbeitsgerichte (Entscheidungssammlung)
M.-V.	=	Mecklenburg-Vorpommern
Nds.	=	Niedersachsen
(juris)	=	(Fundstelle: www.juris.de)
NJW	=	Neue Juristische Wochenschrift
NZA	=	Neue Zeitschrift für Arbeitsrecht
NZA-RR	=	Neue Zeitschrift für Arbeitsrecht – Rechtsprechungsreport
Rh.-Pf.	=	Rheinland-Pfalz
Rz.	=	Randzeichen
S.	=	Satz
Sa.-Anh.	=	Sachsen-Anhalt
Schl.-Holst.	=	Schleswig-Holstein
SGB	=	Sozialgesetzbuch
st. Rspr.	=	ständige Rechtsprechung
TzBfG	=	Teilzeit- und Befristungsgesetz
WRV	=	Weimarer Verfassung
ZTR	=	Zeitschrift für Tarifrecht

Inhaltsverzeichnis

1. Überblick: Wege zur Beendigung des Arbeitsverhältnisses

Beendigungsmöglichkeiten von Arbeitsverhältnissen

Das Arbeitsverhältnis kann auf unterschiedliche Weise beendet werden. Neben der Beendigung des Arbeitsverhältnisses durch eine Kündigung kommt auch der Abschluss eines Aufhebungsvertrages in Betracht. Bei Vorliegen bestimmter Voraussetzungen ist auch eine Beendigung des Arbeitsverhältnisses durch Erklärung der Anfechtung des Arbeitsvertrages möglich. Schließlich kann das Arbeitsverhältnis im Kündigungsschutzprozess durch das Arbeitsgericht gegen Zahlung einer Abfindung aufgelöst werden, wenn die im Prozess mitgeteilten Kündigungsgründe für eine Rechtfertigung der Kündigung nicht ausreichen. Ohne dass es einer Kündigung oder eines Aufhebungsvertrages bedarf, endet ein befristetes Arbeitsverhältnis mit Ablauf der Frist, für die es eingegangen ist oder mit Erreichen des schriftlich vereinbarten Vertragszwecks.

1.1. Aufhebungsvertrag[1]

Beiderseitige Vereinbarung

Arbeitgeber und Arbeitnehmer können ihr Vertragsverhältnis jederzeit durch einen Aufhebungsvertrag beenden. Der Aufhebungsvertrag ist im Unterschied zu einer Kündigung eine ***beiderseitige Vereinbarung*** der Arbeitsvertragsparteien, die voraussetzt, dass sich beide über die Beendigung des Arbeitsverhältnisses ***einig*** sind. Die Bedingungen des Aufhebungsvertrages können zwischen Arbeitnehmer und Arbeitgeber nach dem Grundsatz der Vertragsfreiheit frei ausgehandelt werden.

Kein Kündigungsschutz

Beim Abschluss eines Aufhebungsvertrages gelten weder Kündigungsfristen noch besteht Kündigungsschutz. Auch der Betriebsrat muss vor Abschluss eines Aufhebungsvertrages nicht beteiligt werden. Der Aufhebungsvertrag bedarf allerdings wie die Kündigung gem. § 623 BGB zur Wirksamkeit der *Schriftform,* d.h.

[1] Vgl. hierzu im Einzelnen in dieser Reihe **Grundmann/Georgiou**: „Die Aufhebung von Arbeitsverträgen", Rieder Verlag, Münster, 3. A. 2014.

er muß von beiden Parteien unterschrieben werden. Der fehlende Schutz des Arbeitnehmers erklärt sich daraus, dass es seine freie Entscheidung ist, einen Aufhebungsvertrag zu schließen.

Droht ein Arbeitgeber zur Erreichung eines Aufhebungsvertrages mit einer außerordentlichen oder einer ordentlichen Kündigung und schließt ein Arbeitnehmer einen Aufhebungsvertrag, um den Ausspruch der angedrohten Kündigung zu verhindern, kann er diesen unter Umständen wegen widerrechtlicher Drohung nach § 123 Abs. 1 BGB ***anfechten***, d.h. wieder beseitigen. Eine Anfechtung ist dann möglich, wenn die Drohung mit der Kündigung widerrechtlich war. Dies ist dann der Fall, wenn ein verständiger Arbeitgeber eine Kündigung bei dem Sachverhalt, wie er sich zum Zeitpunkt der Drohung darstellte, nicht ernsthaft in Erwägung gezogen hätte.[2] Ein Aufhebungsvertrag verstößt nicht schon dann gegen das Gebot fairen Verhandelns und ist deshalb unwirksam, wenn der Arbeitgeber den Aufhebungsvertrag nur zur sofortigen Annahme unterbreitet.[3]

Nachteilige Folgen

Aufhebungsverträge haben zahlreiche ***sozialrechtliche Folgen*** für den Arbeitnehmer und können sich unter Umständen nachteilig auf den Bezug von Arbeitslosengeld auswirken. Dies gilt insbesondere auch in Bezug auf eine im Aufhebungsvertrag vereinbarte Zahlung einer Abfindung, mit der sich der Arbeitgeber gelegentlich das Einverständnis des Arbeitnehmers zum Abschluss eines Aufhebungsvertrag „erkauft", um die Unwägbarkeiten eines Kündigungsschutzprozesses zu umgehen.

1.2. Anfechtung

Anfechtung des Arbeitsvertrages

Das Arbeitsverhältnis kann auch durch Anfechtung des Arbeitsvertrages beendet werden, wenn einer der Vertragspartner ***bei Abschluss des Arbeitsvertrages*** von dem anderen arglistig getäuscht oder widerrechtlich bedroht worden ist. Eine Anfechtung durch den Arbeitgeber wegen arglistiger Täuschung kommt etwa

---

[2] st. Rspr. **BAG** 12.3.2015 – 6 AZR 82/14 – NZA 2015, 676-679.

[3] **BAG** 24.2.2022 – 6 AZR 333/21.

in Betracht, wenn der Arbeitnehmer bei den Vertragsverhandlungen Fragen des Arbeitgebers falsch beantwortet hat. Zur Anfechtung berechtigt jedoch nur die ***wahrheitswidrige Beantwortung einer in zulässiger Weise gestellten Frage***. Zulässig ist eine Frage, wenn der Arbeitgeber ein berechtigtes, billigenswertes und schutzwürdiges Interesse an der Beantwortung hat. Die Frage nach einer Schwangerschaft ist grundsätzlich unzulässig. Dies gilt auch, wenn die Frau die vereinbarte Tätigkeit wegen eines mutterschutzrechtlichen Beschäftigungsverbotes zunächst nicht aufnehmen kann.[4] Für den Bereich der Schwerbehinderten besteht hingegen sowohl in der Literatur als auch in der Rechtsprechung Einigkeit darüber, daß der Schwerbehinderte von sich aus nicht über die bestehende Behinderung aufklären muß, soweit ihm die Tätigkeit dadurch nicht unmöglich gemacht wird. Das BAG hat es zuletzt offen gelassen, ob die bei der Einstellung falsch beantwortete Frage nach einer Schwerbehinderung den Arbeitgeber zur Anfechtung des Arbeitsvertrages berechtigt.[5] Im bestehenden Arbeitsverhältnis ist die Frage des Arbeitgebers nach der Schwerbehinderung bzw. einem diesbezüglich gestellten Antrag jedenfalls nach sechs Monaten, d.h. nach Erwerb des Behindertenschutzes gemäß § 168 ff SGB IX, zulässig.[6] Erlaubt ist die Frage nach der Behinderung gemäß § 8 Abs. 1 AGG auch dann, wenn ihr Fehlen eine wesentliche und entscheidende berufliche Anforderung darstellt.[7] Gefragt werden darf dann nach der Behinderung, nicht nach der Feststellung der Eigenschaft als schwerbehinderter Mensch. Begrenzt der Arbeitgeber Fragen nach Vorstrafen und Strafanzeigen nicht auf solche, die für die Eignung für einen ins Auge gefassten künftigen Aufgabenbereich relevant sind, geht die Frage über das schutzwürdige Informationsinteresse hinaus. Dies hat zur Folge, dass der befragte Arbeitnehmer zu einer der Wahrheit entsprechenden Antwort rechtlich nicht verpflichtet ist.[8]

---

4 **BAG** 6.2.2003 – 2 AZR 621/01 = DB 2003, 1795.

5 **BAG** 7.7.2011 – 2 AZR 396/10 = NZA 2012, 34.

6 **BAG** 16.2.2012 – 6 AZR 553/10 = DB 2012, 1042.

7 **APS/Vossen**, § 85 SGB IX, Rz. 24a.

8 **BAG** 6.9.2012 – 2 AZR 270/11 = NJW 2013,1115.

Vorstrafen, die nach dem Bundeszentralregistergesetz nicht in das Führungszeugnis aufzunehmen oder zu tilgen sind, dürfen verschwiegen werden.[9]

1.3. Antrag auf Auflösung im Prozess

Auflösung durch Arbeitsgericht

Klagt der Arbeitnehmer beim Arbeitsgericht gegen die ihm gegenüber ausgesprochene Kündigung und stellt das Gericht fest, dass die Kündigung sozial ungerechtfertigt ist, so können sowohl Arbeitgeber als auch Arbeitnehmer gemäß §§ 9, 10 KSchG einen Antrag auf Auflösung des Arbeitsverhältnisses durch gerichtliches Urteil stellen. Voraussetzung ist, dass Gründe vorliegen, die eine den Betriebszwecken dienliche weitere Zusammenarbeit zwischen Arbeitnehmer und Arbeitgeber nicht erwarten lassen.[10]

1.4. Befristetes Arbeitsverhältnis

Beendigung durch Fristablauf

Das Arbeitsverhältnis endet – ohne dass es einer Kündigung bedarf – mit Ablauf der Frist, für die es eingegangen ist, sofern die Befristung wirksam vereinbart worden ist. In diese Kategorie fallen auch befristete Arbeitsverträge, die kein bestimmtes Enddatum aufführen, sondern einen bestimmten Zweck nennen, etwa die Vertretung eines erkrankten Mitarbeiters. Eine Befristung bedarf zu ihrer Wirksamkeit der Schriftform. Bei einer Zeitbefristung muss deshalb die Vertragsdauer schriftlich vereinbart werden, bei einer Zweckbefristung hingegen der Vertragszweck.[11] Ein befristetes Arbeitsverhältnis kann nach § 15 Abs. 3 TzBfG nur dann vor Ablauf der vereinbarten Frist ordentlich gekündigt werden, wenn dies einzelvertraglich oder im anwendbaren Tarifvertrag vereinbart ist.

---

9 **BAG** 20.3.2014 – 2 AZR 1071/12.

10 vgl. hierzu in dieser Reihe **Quecke**: „Verhaltensbedingte Kündigung und Abmahnung“, Rieder Verlag, Münster.

11 **BAG** 21.12.2005 – 7 AZR 541/04 = DB 2006, 564.

2. Allgemeines zur Kündigung

2.1. Kündigung des Arbeitsverhältnisses

Kündigung durch jeden Vertragspartner möglich

Ein Arbeitsverhältnis kann einseitig durch Kündigung beendet werden. Beide Vertragsparteien sind in der Regel berechtigt, das Arbeitsverhältnis unter Einhaltung der gesetzlichen, tariflichen oder individuell vereinbarten Kündigungsfrist zu kündigen. Ohne Einhaltung einer Kündigungsfrist ist nur die außerordentliche Kündigung zulässig, die gemäß § 626 BGB einen wichtigen Grund zur sofortigen Beendigung des Arbeitsverhältnisses voraussetzt.

2.2. Kündigungserklärung

Eindeutiger Erklärungsinhalt

Die Kündigung eines Arbeitsverhältnisses wird durch Erklärung gegenüber dem Vertragspartner bewirkt. Für den Erklärungsempfänger muss aus dem ***Inhalt*** der Erklärung erkennbar sein, dass mit ihr das Arbeitsverhältnis beendet werden soll. Es muss also nicht unbedingt das Wort ‚Kündigung' in der Erklärung enthalten sein, wenn der eindeutige Beendigungswille erkennbar ist.

Möglichkeit der Kenntnisnahme

Die Erklärung muss dem Vertragspartner zugehen, da Willenserklärungen zu ihrer Wirksamkeit des *Zugangs* beim Erklärungsempfänger bedürfen. Für den Zugang ist nicht erforderlich, dass der Erklärungsempfänger die Kündigung tatsächlich in den Händen hält. Es reicht aus, wenn die Kündigung so in den Bereich des Empfängers gelangt ist, dass dieser unter normalen Verhältnissen die Möglichkeit hat, die Erklärung zur Kenntnis zu nehmen. Wird die Kündigung in den Briefkasten eingeworfen, gilt die Kündigung nur dann an dem Tag des Einwurfs als zugegangen, wenn nach dem Einwurf noch mit der Leerung des Briefkastens gerechnet werden kann. Dabei ist auf die ortsüblichen Postzustellzeiten abzustellen.[12]

---

[12] **BAG** 15.2.2017 – 7 AZR 82/15 - NZA-RR 2017, 398.

2.3. Schriftform

Strenge Schriftformerfordernis

Nach § 623 BGB bedarf die Kündigung zu ihrer Wirksamkeit der Schriftform. Die elektronische Form ist ausgeschlossen (§ 623 HS 2 BGB). Eine Kündigung kann daher weder mündlich, noch per Telefax oder Email ausgesprochen werden. Andernfalls ist sie gemäß § 125 BGB wegen Formmangels nichtig.

Originalvollmacht

Schriftform bedeutet die eigenhändige Unterschrift des Kündigungsberechtigten oder des von ihm Bevollmächtigten. In letzterem Fall ist darüber hinaus eine Vollmachtserklärung der Kündigung beizufügen, und zwar im Original. Geschieht dies nicht, kann der Kündigungsempfänger die Kündigung unverzüglich zurückweisen, § 174 BGB.

Mit der Schriftform werden Beweisschwierigkeiten vermieden und es wird verhindert, dass spontan im Zustand der Verärgerung ausgesprochene Kündigungen das Arbeitsverhältnis beenden oder bestimmte Handlungsweisen, wie das Verlassen des Arbeitsplatzes nach einer Auseinandersetzung, als Beendigung des Arbeitsverhältnisses ausgelegt werden können.

2.4. Kündigungsfrist

Einheitliche gesetzliche Kündigungsfrist

Die ordentliche Kündigung beendet das Arbeitsverhältnis erst mit Ablauf der Kündigungsfrist. Die Regelungen des § 622 BGB enthalten für Arbeiter und Angestellte einheitliche gesetzliche Kündigungsfristen. Daneben können sich Kündigungsfristen aber auch aus Tarifverträgen oder aus dem Arbeitsvertrag selbst ergeben.

Wird die Kündigungsfrist durch die ausgesprochene Kündigung nicht eingehalten, gilt die ordentliche Kündigung in der Regel als mit dem nächst zulässigen Termin ausgesprochen.

2.5. Ausschluss der ordentlichen Kündigung

Kündigungsverbot

Das Recht zum Ausspruch einer ordentlichen Kündigung kann sowohl aufgrund eines Gesetzes als auch aufgrund tariflicher, betrieblicher oder einzelvertraglicher Vereinbarungen ausgeschlossen sein.

Gesetz

Einen gesetzlichen Ausschluss enthält § 22 Abs. 2 BBiG für das Berufsausbildungsverhältnis nach Ablauf der Probezeit. Es kann von dem Ausbildenden nur noch aus wichtigem Grund ohne Einhaltung einer Kündigungsfrist gekündigt werden. Auch § 15 Abs. 3 TzBfG geht bei befristeten Verträgen ohne anderslautende Vereinbarung von dem Ausschluss der ordentlichen Kündigung aus.

Tarifvertrag

Viele Tarifverträge enthalten auch so genannte ***Unkündbarkeitsregelungen,*** die nach Ablauf einer bestimmten Beschäftigungsdauer und Erreichung eines bestimmten Lebensalters die ordentliche Kündigung ausschließen (z. B. § 34 Abs. 2 Tarifvertrag für den öffentlichen Dienst der Länder für das Tarifgebiet West: nach Vollendung des 40. Lebensjahres und einer Beschäftigungszeit von mehr als 15 Jahren). In einem solchen Fall ist nur eine außerordentliche Kündigung aus wichtigem Grund möglich, meist mit einer sozialen Auslauffrist, die in der Regel der ordentlichen Kündigungsfrist entspricht. Obwohl solche Regelungen zu einem höheren Kündigungsrisiko für nicht durch Unkündbarkeitsregelungen geschützte jüngere Kollegen führen, stellen sie keine unerlaubte Altersdiskriminierung dar, da ältere Arbeitnehmer im Regelfall geringere Chancen einer Wiedereingliederung in den Arbeitsmarkt nach einer Kündigung haben.[13] Sie sind in der Regel so auszulegen, dass der Ausschluss ordentlicher Kündigungen nicht gilt, falls er bei der Sozialauswahl zu einem grob fehlerhaften Auswahlergebnis führen würde.[14]

---

[13] **LAG B.-W.** 12.5.2011 – 21 Sa 131/10, nv. (juris).

[14] **BAG** 20.06.2013 – 2 AZR 295/12.

2.6. Allgemeiner Kündigungsschutz

Gesetzlicher Kündigungsschutz

Während Arbeitnehmer jederzeit ohne besonderen Grund eine ordentliche Kündigung des Arbeitsverhältnisses aussprechen können, gilt dies für Arbeitgeber in der überwiegenden Zahl der Fälle nicht. Gemäß § 1 Abs. 2 KSchG ist eine ordentliche arbeitgeberseitige Kündigung grundsätzlich nur wirksam, wenn sie durch bestimmte gesetzlich festgelegte Gründe bedingt ist.

Der allgemeine Kündigungsschutz des Kündigungsschutzgesetzes ist dabei an das Vorliegen folgender Voraussetzungen gebunden:

Wartezeit sechs Monate

Gemäß § 1 Abs. 1 KSchG muss das Arbeitsverhältnis zum Zeitpunkt des Zugangs der Kündigung mindestens sechs Monate ohne Unterbrechung bestanden haben, wobei auch Zeiten eines Berufsausbildungsverhältnis angerechnet werden.[15]

Mehr als zehn Arbeitnehmer

Seit dem 1. 1. 2004 besteht nach der Neuregelung des § 23 Abs. 1 KSchG der Kündigungsschutz nur noch in Betrieben und Verwaltungen mit in der Regel mehr als zehn Arbeitnehmern ausschließlich der zur Berufsbildung Beschäftigten.[16]

2.7. Besonderer Kündigungsschutz

Besonderer Kündigungsschutz

Die arbeitsrechtlichen Schutzbestimmungen enthalten darüber hinaus Regelungen für besonderen Kündigungsschutz in bestimmten Situationen. So enthält das SGB IX einen Schutz für behinderte Menschen. Das Mutterschutzgesetz schützt schwangere Frauen und Mütter. Das Bundeselterngeld- und Elternzeitgesetz enthält Bestimmungen zum Schutz von Elternteilen, die Elternzeit in Anspruch nehmen, das Pflegezeitgesetz untersagt die Kündigung im Zusammenhang mit der Pflege naher Angehöriger.

---

[15] **BAG** 18.11.1999 – 2 AZR 89/99 = NZA 2000, 529.

[16] Rechtslage bis zum 31.12.2003: Fünf Arbeitnehmer. Zur Besitzstandswahrung und zu weiteren Einzelheiten des allgemeinen Kündigungsschutzes siehe in dieser Reihe **Quecke**: „Verhaltensbedingte Kündigung und Abmahnung", Rieder Verlag, Münster.

3. Die personenbedingte Kündigung

3.1. Die Kündigungsgründe nach § 1 Abs. 2 KSchG

Gemäß § 1 Abs. 2 KSchG ist eine ordentliche Kündigung durch den Arbeitgeber grundsätzlich nur wirksam, ***wenn sie durch Gründe in der Person oder in dem Verhalten des Arbeitnehmers oder durch dringende betriebliche Erfordernisse, die einer Weiterbeschäftigung des Arbeitnehmers in diesem Betrieb entgegenstehen, bedingt ist.***

Die Gründe müssen die Kündigung „bedingen", d. h. notwendig machen. Unzureichend sind demnach Gründe, die eine Kündigung lediglich opportun, nützlich oder günstig erscheinen lassen.

Fortsetzung unzumutbar

> Gemeint ist ein objektiv nachvollziehbarer Grund, der einen konkreten Bezug zum Arbeitsverhältnis oder zum Betrieb hat und die Fortsetzung des Arbeitsverhältnisses für den Arbeitgeber unzumutbar macht.

Verantwortungssphäre

Die aufgeführten Gründe – personen-, verhaltens-, betriebsbedingt – gehen von der Vorstellung aus, dass die einzelnen Kündigungssachverhalte jeweils nur einem dieser Bereiche zugeordnet werden können, und sie teilen die Kündigungsgründe nach Verantwortungssphären ein. Je nach ihrer Einordnung müssen unterschiedliche Maßstäbe an die soziale Rechtfertigung gelegt werden:

Kein steuerbares Verhalten

- ***Gründe in der Person*** des Arbeitnehmers stammen aus dessen Verantwortungssphäre, können von ihm aber nicht beeinflusst werden (z. B. krankheitsbedingte Arbeitsunfähigkeit);
- ***Gründe im Verhalten*** des Arbeitnehmers kommen auch aus seinem Bereich, setzen aber ein steuer- und zurechenbares Verhalten voraus (vertragswidriges Verhalten, z. B. fehlende Krankmeldung);
- ***dringende betriebliche Erfordernisse*** entstammen der Verantwortungssphäre des Arbeitgebers.

Beispiel Alkoholismus: Steuerbares Verhalten oder Sucht?

Die objektiv gleiche betriebliche Störung, etwa eine dreiwöchige Abwesenheit des Arbeitnehmers, kann kündigungsrechtlich völlig unterschiedlich zu beurteilen sein, je nachdem, ob sie auf einem von dem Arbeitnehmer steuerbaren Verhalten beruht (eigenmächtige Urlaubsverlängerung = verhaltensbedingt) oder auf nicht beeinflussbaren Umständen (Erkrankung = personenbedingt). Im Einzelfall kann die Abgrenzung Schwierigkeiten bereiten:

So können Fehlzeiten oder Schlechtleistungen, die auf Alkoholgenuss zurückzuführen sind, sowohl dem Bereich der verhaltensbedingten Kündigung als auch dem Bereich der personenbedingten Kündigung zugeordnet werden. Handelt es sich bei dem Vorwurf um ein steuerbares Fehlverhalten, so liegt ein verhaltensbedingter Kündigungsgrund vor. Leidet der Arbeitnehmer jedoch unter einer krankhaften Alkoholsucht, ist der Sachverhalt dem Bereich der personenbedingten Kündigungsgründe zuzuordnen. Da der Arbeitgeber dies in der Regel nicht ohne weiteres unterscheiden kann, wird er zunächst von einem steuerbaren Verhalten ausgehen und eine Abmahnung auszusprechen haben.

3.2. Begriff der personenbedingten Kündigung

Durch persönliche Verhältnisse oder Eigenschaften verursachte Störung

Eine *Definition* des personenbedingten Kündigungsgrundes enthält das Gesetz ebenso wenig wie für die anderen in § 1 Abs. 2 KSchG genannten Kündigungsgründe. Allerdings ergibt sich aus der im Gesetz genannten verhaltensbedingten Kündigung, dass der Grund für eine personenbedingte Kündigung zwar in der Person des Arbeitnehmers, nicht aber in dessen Verhalten liegen muss. Die Störung des Arbeitsverhältnisses basiert demnach bei der personenbedingten Kündigung auf persönlichen Voraussetzungen und Verhältnissen des Arbeitnehmers. So kommen insbesondere dessen schlechter Gesundheitszustand, mangelnde Eignung, fehlende Fähigkeiten oder Kenntnisse sowie persönliche Verbindungen des Arbeitnehmers zu einer anderen natürlichen oder juristischen Person, die die

Interessen des Arbeitgebers erheblich beeinträchtigen, als personenbedingte Kündigungsgründe in Betracht. Es müssen also Störungen sein, die durch die persönlichen Verhältnisse und Eigenschaften des Arbeitnehmers verursacht werden, mithin aus der persönlichen Sphäre des Arbeitnehmers stammen.[17]

3.3. Fehlende Fähigkeit oder Eignung

Erhebliche Störung des vertraglichen Austauschverhältnisses

Eine personenbedingte Kündigung kommt dabei nur in Betracht, wenn die *Fähigkeit oder Eignung des Arbeitnehmers zur ordnungsgemäßen Erfüllung der vertraglich geschuldeten Arbeitsleistung* zum Zeitpunkt des Kündigungsausspruchs *nicht nur vorübergehend ganz oder teilweise fehlt.*[18] Es muss das Austauschverhältnis des Arbeitsvertrages nachhaltig, also in erheblichem Umfang gestört sein. Dies ist nicht bereits bei jedem Leistungsdefizit im Vergleich zu anderen Arbeitnehmern mit vergleichbaren Arbeitsaufgaben anzunehmen. Vielmehr muss eine *erhebliche Differenz* zwischen dem durchschnittlichen arbeitsplatzbezogenen Anforderungsprofil und dem persönlichen Leistungsprofil des Arbeitnehmers festzustellen sein.

Diese Störung kann auf ***objektiven*** Eignungsmängeln beruhen:

Objektive Eignungsmängel

Beispiele:

- *Das fehlende Gesundheitszeugnis eines in der Gastronomie beschäftigten Arbeitnehmers,*
- *der Verlust des Führerscheins oder der Fahrerlaubnis eines Kraftfahrers,*
- *das Fehlen der Arbeitserlaubnis für einen ausländischen Arbeitnehmer,*
- *Exmatrikulation einer studentischen Hilfskraft.*[19]

Eine kündigungsrelevante Störung des Arbeitsverhältnisses kann aber auch durch ***subjektive***, unmittelbar in der Person des Arbeitnehmers begründete Leistungsmängel verursacht werden, die auf fehlender

---

[17] **BAG** 21.4.2016 – 2 AZR 609/15 - NZA 2016, 941.

[18] **BAG** 21.4.2016 – 2 AZR 609/15 - NZA 2016, 941.

[19] **BAG** 18.09.2008 – 2 AZR 976/06 = NZA 2009, 425.

Subjektive Eignungsmängel

körperlicher, geistiger, fachlicher oder charakterlicher Eignung beruhen:

Beispiele:

- *Fehlzeiten wegen Erkrankung,*
- *Minderung der Leistungsfähigkeit wegen eines Rückenleidens,*
- *Minderleistung wegen fehlender fachlicher Kenntnisse und Fähigkeiten.*

Bei derartigen subjektiven Leistungsmängeln, insbesondere wenn sie nur das individuelle Leistungsniveau des Arbeitnehmers betreffen, muss der Arbeitgeber zur Begründung der Kündigung genau darlegen, welche konkreten Umstände ein objektiv feststellbares erhebliches Leistungsdefizit verursachen. Immer darf eine solche Leistungsminderung nicht auf einem steuerbaren, insbesondere schuldhaften Verhalten des Arbeitnehmers beruhen, denn dann ist grundsätzlich nur eine verhaltensbedingte Kündigung möglich.

4. Allgemeine Grundsätze der personenbedingten Kündigung

4.1. Ursache der Leistungsstörung

Die Ursache für das Fehlen der persönlichen Eignung oder Fähigkeit zur Leistungserbringung spielt für die Feststellung, ob ein personenbedingter Kündigungsgrund vorliegt, grundsätzlich keine Rolle.

Ursache für fehlende Fähigkeit oder Eignung ohne Bedeutung für Kündigungsgrund

Es ist deshalb bei der Prüfung zunächst unerheblich, ob der Arbeitnehmer die geschuldete Arbeitsleistung nicht erbringen kann, ohne hieran etwas ändern zu können (Beispiel: Allergie gegen Produktionsstoffe) oder ob er seine Fähigkeit und Eignung durch Eigeninitiative – so durch Ablegung von Prüfungen, den Besuch von Fortbildungsveranstaltungen oder Ähnlichem – aufrechterhalten oder wiedererlangen könnte (Beispiel: Verlängerung einer befristeten Arbeitserlaubnis, PC-Lehrgang).

Hierdurch unterscheidet sich die personenbedingte wesentlich von der verhaltensbedingten Kündigung. Bei der verhaltensbedingten Kündigung ist gerade die durch den Arbeitnehmer oder sein Verhalten schuldhaft verursachte Leistungsstörung der Kündigungsgrund. Bei der personenbedingten Kündigung stellt hingegen die ganz oder teilweise ***fehlende Fähigkeit oder Eignung, die geschuldete Arbeitsleistung zu erbringen, den Kündigungsgrund*** dar, egal, worauf diese Mängel auch immer zurückzuführen sind.

Berücksichtigung der Ursachen erst bei Interessenabwägung

Welche Umstände die fehlende persönliche Eignung oder Fähigkeit des Arbeitnehmers herbeigeführt haben, kann aber im Rahmen der bei jeder Kündigung abschließend durchzuführenden ***Interessenabwägung*** Gewicht erlangen und dadurch zur Sozialwidrigkeit der Kündigung führen.

Ist etwa eine fehlende Qualifikation des Arbeitnehmers durch entsprechende Lern- und Fortbildungsbereitschaft zu beheben, die der Arbeitnehmer jedoch trotz Hinweises oder Abmahnung (siehe hierzu Kap. 4.3.) nicht zeigt, ist dies bei der Interessenabwägung zu Lasten des Arbeitnehmers zu berücksichtigen.

Hat der Arbeitgeber dagegen das Arbeitsverhältnis wegen langandauernder Krankheit des Arbeitnehmers gekündigt, beruht diese Arbeitsunfähigkeit aber auf einem Arbeitsunfall, der durch unzureichende Sicherheitsvorkehrungen des Arbeitgebers verursacht worden ist, dann ist dies bei der Interessenabwägung zu Lasten des Arbeitgebers zu berücksichtigen.

Aus wessen Sphäre stammt die Ursache der Leistungsstörung?

Fazit:
Erst im Rahmen der Interessenabwägung und nicht bei der Feststellung des Kündigungsgrundes wird maßgeblich, ob die Ursache für die Leistungsstörung aus der Sphäre des Arbeitgebers oder derjenigen des Arbeitnehmers stammt.

4.2. Verantwortlichkeit für die Leistungsstörung

Berücksichtigung von Verschulden allenfalls bei der Interessenabwägung

Ein ***Verschulden*** des Arbeitnehmers oder des Arbeitgebers an dem Eintritt der mangelnden Fähigkeit des Arbeitnehmers zur ordnungsgemäßen Vertragserfüllung ist ***für die Feststellung des Kündigungsgrundes grundsätzlich unerheblich***. Allerdings ist ein Verschulden oder eine Verantwortlichkeit für die eingetretene Leistungsstörung bei der durchzuführenden ***Interessenabwägung*** zu Lasten der jeweiligen Arbeitsvertragspartei zu berücksichtigen.

4.3. Abmahnung

Die ***Abgrenzungsprobleme*** zur ***verhaltensbedingten Kündigung*** zeigen sich insbesondere bei der Frage, ob auch vor Ausspruch einer personenbedingten Kündigung möglicherweise eine Abmahnung erforderlich ist.

Exkurs zur Abmahnung:

Die Kündigungsgründe „bedingen“ eine sozial gerechtfertigte Kündigung nur, wenn die Kündigung notwendig ist. Sie muss das unabweisbar letzte Mittel sein. Eine Abmahnung ist im Verhältnis zur Kündigung in der Regel das geeignete ***mildere Mittel***, um den Arbeitgeber vor weiteren Vertragsverstößen des Arbeitnehmers zu schützen, wenn das Fehlverhalten oder die Vertragspflichtverletzung steuerbar ist.

Die verhaltensbedingte Kündigung erfordert daher regelmäßig eine vorausgegangene vergebliche Abmahnung wegen eines vergleichbaren Sachverhalts. Andernfalls ist sie sozial ungerechtfertigt und damit rechtsunwirksam.

Hinweis- und Warnfunktion der Abmahnung

Die Funktion einer Abmahnung besteht darin, dem Arbeitnehmer deutlich zu machen, dass der Arbeitgeber die eingetretene Leistungsstörung nicht weiter hinzunehmen bereit ist. Hierdurch soll der Arbeitnehmer gewarnt und insbesondere veranlasst werden, zukünftig derartige Leistungsstörungen zu unterlassen, um den Bestand des Arbeitsverhältnisses nicht zu gefährden. Eine Abmahnung, die für eine nachfolgende Kündigung Wirkung entfalten soll, muss in einer für den Arbeitnehmer hinreichend erkennbaren Art und Weise Pflichtverstöße beanstanden und damit den Hinweis verbinden, dass im Wiederholungsfall der ***Inhalt oder der Bestand des Arbeitsverhältnisses gefährdet ist***. Die Abmahnung kann ohne Beachtung einer Form schriftlich oder mündlich ausgesprochen werden, wobei es aus Beweisgründen ratsam ist, eine schriftliche Abmahnung auszusprechen und den Zugang der Abmahnung an den Arbeitnehmer zu dokumentieren.[20]

[20] Zu weiteren Einzelheiten der inhaltlichen Gestaltung der Abmahnung nebst Beispielen vgl. in dieser Reihe **Quecke**, Verhaltensbedingte Kündigung und Abmahnung, Rieder Verlag und **Beckerle**, Die Abmahnung – inkl. Arbeitshilfen online.

Meist sind die Gründe für das Fehlen der Eignung oder Befähigung des Arbeitnehmers, die vertraglich geschuldete Arbeitsleistung zu erbringen, darauf zurückzuführen, dass der Arbeitnehmer die Arbeitsleistung nicht erbringen ***kann***.

Beispiel:

- *Dem Arbeitnehmer ist wegen einer Erkrankung an der Wirbelsäule das Heben von schweren Lasten nicht mehr möglich.*

Abmahnung in der Regel nicht erforderlich

In solchen Fällen sind personenbedingte Kündigungsgründe einer Abmahnung nicht zugänglich, da eine Abmahnung die zur Kündigung berechtigenden Umstände nicht zu beeinflussen vermag. Bei dem oben genannten Beispiel, dass dem Arbeitnehmer wegen einer Erkrankung an der Wirbelsäule das Heben von schweren Lasten nicht mehr möglich ist, kann eine Abmahnung an dieser krankheitsbedingten Leistungsminderung nichts ändern. Eine vorhergehende Abmahnung ist deshalb bei einer personenbedingten Kündigung in der Regel nicht erforderlich.

Wenn aber der Verlust der Eignung oder Fähigkeit zur Leistungserfüllung ***ausnahmsweise*** auf einem ***steuerbaren Verhalten*** des Arbeitnehmers beruht, wird teilweise auch bei der personenbedingten Kündigung der Ausspruch einer vorherigen Abmahnung für notwendig gehalten.[21]

Beispiel:

- *Der Arbeitnehmer beantragt nicht die mögliche Verlängerung einer befristeten Arbeitserlaubnis oder er besucht nicht eine die fehlende Eignung behebende Fortbildungsveranstaltung.*

Dies wird mit dem Grundsatz der Verhältnismäßigkeit begründet, führt aber zu vermeidbaren ***Abgrenzungsschwierigkeiten zur verhaltensbedingten Kündigung***. So vertritt das BAG die Auffassung, dass der Arbeitgeber verpflichtet ist, festgestellte Eignungs- und Leistungsmängel dem Arbeitnehmer durch den Ausspruch einer Abmahnung aufzuzeigen und ihm dadurch die

---

[21] **BAG** 4. 6. 1997 – 2 AZR 526/96 = NZA 1997, 1281; **BAG** 15. 8. 1984 – 7 AZR 228/82, **LAG Nürnberg**, 12.6.2007 – 6 Sa 37/07.

Gelegenheit zu geben, den Erwartungen und Anforderungen des Arbeitgebers noch zu genügen.[22]

Für die Praxis bedeutet diese von der Rechtsprechung nicht eindeutig festgelegte Trennung zwischen verhaltens- und personenbedingter Kündigung hinsichtlich des Abmahnerfordernisses, dass ein Arbeitgeber bei steuerbaren, behebbaren Eignungsmängeln des Arbeitnehmers diesen vor Ausspruch einer Kündigung zumindest durch konkrete Hinweise, wenn nicht gar durch eine Abmahnung darauf aufmerksam machen sollte, dass eine personenbedingte Kündigung bevorsteht, wenn der Arbeitnehmer die Eignungsmängel nicht abstellt.

Bei steuerbaren, behebbaren Eignungsmängeln vor der Kündigung abmahnen

4.4. Weiterbeschäftigungsmöglichkeit

Die personenbedingte Kündigung ist unwirksam, wenn eine Weiterbeschäftigungsmöglichkeit des Arbeitnehmers auf einem anderen ***freien Arbeitsplatz*** besteht, auf dem die fehlende Eignung oder Fähigkeit des Arbeitnehmers gar nicht oder kaum ins Gewicht fällt. Der Arbeitgeber ist dabei nicht verpflichtet, den Arbeitnehmer in einem anderen Unternehmen unterzubringen.[23] Als frei sind Arbeitsplätze anzusehen, die zum Zeitpunkt der Kündigung nicht besetzt sind oder bis zum Ablauf der Kündigungsfrist frei werden.[24]

Keine Pflicht zur Freikündigung

Der Arbeitgeber ist also nicht verpflichtet, einen leidensgerechten Arbeitsplatz für den Arbeitnehmer durch eine sogenannte ***Freikündigung*** zu schaffen.[25] Das gilt auch bei Vorliegen einer Schwerbehinderung des erkrankten Arbeitnehmers, wenn der betroffene Stelleninhaber seinerseits allgemeinen Kündigungsschutz nach dem KSchG genießt. Allerdings darf er auch nicht einen für den nur eingeschränkt einsatzfähigen Arbeitnehmer geeigneten Arbeitsplatz zu einem Zeit-

---

[22] **BAG** 15. 8. 1984 – 7 AZR 228/82; **BAG** 7.12.2000 – 2 AZR 459/99; **BAG** 7.12.2000 – 2 AZR 459/99 = DB 2001, 1567; a.A. **APS/Vossen**, § 1 KSchG Rz. 131.

[23] **LAG Rh.-Pf.** 5.7.2012 – 10 Sa 685/11, nv. (juris).

[24] **BAG** 20.6.2013 – 2 AZR 583/12 – NZA 2013, 1345.

[25] **BAG** 20.11.2014 – 2 AZR 664/13 – NZA 2015, 931.

punkt anderweitig besetzen, zu dem er bereits zur Kündigung von dessen Arbeitsverhältnis entschlossen ist.

Als milderes Mittel gegenüber der Kündigung hat der Arbeitgeber vorab auch zu prüfen, ob er im Wege der Umorganisation des Personaleinsatzes durch Wahrnehmung seines ***Direktionsrechts*** gegenüber einem anderen Arbeitnehmer bis hin zu einem „Ringtausch"[26] einen freien leidensgerechten Arbeitplatz schaffen kann.

Beispiel:

- *Wegen des gleichen Inhalts der Arbeitsverträge zweier Mitarbeiter in der Produktion ist es dem Arbeitgeber gestattet, diese anzuweisen, ihre Arbeitsplätze innerhalb der Produktion zu tauschen, so dass der Arbeitnehmer, dem es wegen einer Wirbelsäulenerkrankung nicht mehr möglich ist, das auf seinem bisherigen Arbeitsplatz erforderliche Heben von schweren Lasten durchzuführen, nun den (leidensgerechten) Arbeitsplatz des gesunden Kollegen einnimmt, dem es wiederum zuzumuten ist, die bisherige Tätigkeit des erkrankten Arbeitnehmers auszuführen.*

Keine Kündigung bei Möglichkeit zum Arbeitsplatztausch

Durch eine derartige Maßnahme verhält sich der Arbeitgeber auch gegenüber dem bisherigen Arbeitsplatzinhaber vertragsgerecht und greift nicht in unzulässiger Weise in dessen Rechtsposition ein. Soweit eine solche Maßnahme eine Versetzung im Sinne der §§95 Abs.3, 99 Abs. 1 BetrVG darstellt, muss sich der Arbeitgeber um die Zustimmung des Betriebsrates bemühen. Dem Arbeitgeber ist allerdings die Durchführung eines Zustimmungsersetzungsverfahrens gemäß §99 Abs.4 BetrVG in der Regel nicht zumutbar. Wenn der Betriebsrat dem Versetzungsantrag nicht zustimmt, darf sich der Arbeitgeber also grundsätzlich darauf berufen, dass eine mildere Maßnahme als die personenbedingte Kündigung gegenüber dem betroffenen Arbeitnehmer nicht zur Verfügung steht.[27] Bei krankheitsbedingter Kündigung kommt im Rahmen der Prüfung einer Weiterbeschäftigungsmöglichkeit insbe-

Keine Verpflichtung zum Zustimmungs ersetzungsverfahren

---

26 **LAG** Düsseldorf, 30.1.2009, 9 Sa 699/08; **BAG** 30.9.2010 – 2 AZR 88/09 = NZA 2011, 39.

27 **BAG** 29.1.1997 – 2 AZR 9/96; **BAG** 22.9.2005 – 2 AZR 519/04.

sondere einem sinnvoll durchgeführten ***betrieblichen Eingliederungsmanagement (BEM)*** gem. § 167 Abs. 2 SGB IX Bedeutung[28] zu (siehe Stichwort Krankheit, Kap. 6.15 Überblick).

4.5. Sozialauswahl

Keine Sozialauswahl bei der personenbedingten Kündigung

Eine ***Anwendung*** der in § 1 Abs. 3 KSchG geregelten ***Sozialauswahl*** auf die ***personenbedingte Kündigung*** kommt schon wegen des Wortlauts der Bestimmung nicht in Betracht. Das Erfordernis der Sozialauswahl bei betriebsbedingten Kündigungen stellt eine gesetzliche Ausnahme von dem Grundsatz dar, dass eine Beendigung des Arbeitsverhältnisses nur aus Gründen in Betracht kommt, die das ***Verhältnis zwischen Arbeitgeber und dem einzelnen Arbeitnehmer*** betreffen. Bei personen- oder verhaltensbedingten Kündigungen steht der zu entlassende Arbeitnehmer bereits aufgrund der kündigungsrelevanten fehlenden Eignung oder des zur Kündigung führenden Fehlverhaltens fest. Eine Auswahl des zu entlassenden Arbeitnehmers unter mehreren ist nicht erforderlich. Würde man auch in diesen Fällen den Arbeitgeber zu einer Austauschkündigung berechtigen oder verpflichten, würde in die vertraglich begründete Rechtsposition eines anderen Arbeitnehmers eingegriffen, ohne dass dieser hierfür persönlich einen Grund gesetzt hat. Das aber ist jedenfalls ohne eine ausdrückliche gesetzliche Anordnung nicht möglich.[29]

Beispiel:

- *Der personenbedingt wegen einer dauernden Erkrankung zu entlassende Arbeitnehmer kann nicht verlangen, dass im Wege der Sozialauswahl einem sozial weniger schützenswerter Kollege gekündigt wird, dessen Arbeitsplatz er einnehmen möchte.*

---

[28] **BAG** 10.12.2009 – 2 AZR 400/08 = DB 2010, 621.

[29] **BAG** 29.1.1997 – 2 AZR 9/96 = NZA 1997, 709.

4.6. Beurteilungszeitpunkt

Objektive Umstände zum Zeitpunkt des Zugangs der Kündigung sind maßgeblich.

Maßgeblicher Zeitpunkt für die Prüfung der sozialen Rechtfertigung der Kündigung ist der Zeitpunkt des ***Zugangs der Kündigung***. Die zu diesem Zeitpunkt herrschenden tatsächlichen objektiven Verhältnisse sind maßgeblich. Ein (unerwartet) positiver Krankheitsverlauf nach Ausspruch der Kündigung ist ebenso unmaßgeblich, wie eine während des Prozesses abgelegte Eignungsprüfung, sofern mit dieser Entwicklung nicht bereits zum Zeitpunkt des Zugangs der Kündigung gerechnet werden konnte. Nach Zugang der Kündigung eintretende Ereignisse, die auf neu entstehenden Geschehensabläufen beruhen, sind damit grundsätzlich nicht zu berücksichtigen.

Beispiel:

Therapiebereitschaft nach Ausspruch der Kündigung ist ohne Bedeutung

- *Zeigt sich der Arbeitnehmer erst infolge des Kündigungsausspruchs therapiebereit oder lässt er nun doch eine Operation durchführen, nachdem er diese Maßnahmen vor Ausspruch der Kündigung abgelehnt hatte, setzt er hiermit einen neuen Geschehensablauf in Gang, der auf die ursprüngliche Kündigungsberechtigung des Arbeitgebers keinen Einfluss hat.*[30]

4.7. Wiedereinstellungsanspruch

Arbeitnehmer trägt Risiko der Fehlprognose

Der nachträgliche Schutz eines Arbeitnehmers durch einen Wiedereinstellungsanspruch ist von der Rechtsprechung in Bezug auf die betriebsbedingte Kündigung entwickelt worden. Da der Beurteilungszeitpunkt für die Feststellung der zukunftsbezogenen sozialen Rechtfertigung einer Kündigung der Zeitpunkt des Zugangs der Kündigung ist, trägt der Arbeitnehmer das Risiko, dass sich die objektiv vorhandenen Kündigungsumstände nachträglich ändern.

[30] **BAG** 6.9.1989 – 2 AZR 118/89 = NZA 1990, 305.

Beispiel *(für eine betriebsbedingte Kündigung):*

- *Die zum Zeitpunkt des Zugangs der Kündigung fest beschlossene Betriebsstilllegung erfolgt tatsächlich nicht, weil sich nach Zugang der Kündigung ein Betriebsübernehmer findet.*

In einem solchen Fall erkennt das BAG dem ***betriebsbedingt*** entlassenen Arbeitnehmer einen ***Wiedereinstellungsanspruch*** zu, wenn der Arbeitgeber ***noch nicht anderweitig disponiert*** hat und ihm die *Fortsetzung des Arbeitsverhältnisses zumutbar* erscheint. Voraussetzung ist, dass sich die Weiterbeschäftigungsmöglichkeit ***unvorhergesehen zwischen dem Ausspruch der Kündigung und dem Ablauf der Kündigungsfrist*** ergibt und der Arbeitgeber den Arbeitnehmer auf die fragliche Position ohne Änderung des Arbeitsvertrags einseitig umsetzen könnte.[31]

Die Rechtsfolgen des Wiedereinstellungsanspruchs richten sich auf den Neuabschluss eines Arbeitsvertrages, wobei die bestehenden Rechtspositionen und Vordienstzeiten erhalten bleiben.[32]

Wiedereinstellungsanspruch bei personenbedingter Kündigung zweifelhaft

Ob auch bei einer personenbedingten und im Besonderen bei einer krankheitsbedingten Kündigung die Möglichkeit eines Wiedereinstellungsanspruchs bejaht werden kann, obwohl der Kündigungsgrund der Sphäre des Arbeitnehmers entstammt, ist zweifelhaft. Ein Wiedereinstellungsanspruch kann jedenfalls dann nicht erhoben werden, wenn die nachträgliche überraschende grundlegende Besserung des Gesundheitszustands erst nach Ablauf der Kündigungsfrist eingetreten ist.[33] Für die Begründung eines Wiedereinstellungsanspruchs nach einer wirksamen krankheitsbedingten Kündigung genügt es zudem nicht, dass der hierfür darlegungs- und beweispflichtige Arbeitnehmer Tatsachen vorträgt, die die negative Gesundheitsprognose erschüttern. Damit steht nämlich noch keine positive Prognose fest und die Besorgnis der wiederholten Erkrankung wird noch nicht ausgeräumt. Vielmehr kommt ein Wiedereinstellungsanspruch allenfalls dann

Voraussetzung: positive Gesundheitsprognose

[31] **BAG** 26.1.2017 – 2 AZR 61/16 – NZA 2017, 1199.

[32] Vgl. hierzu im Einzelnen **HWK/Quecke**, § 1 KSchG Rz. 77 ff.

[33] **BAG** 27.6.2001 – 7 AZR 662/99, ZTR 2002, 91.

in Betracht, wenn nach dem Vorbringen des Arbeitnehmers von einer positiven Gesundheitsprognose sicher auszugehen ist. Wenn eine positive Gesundheitsprognose nicht feststeht, ist dem Arbeitgeber die Annahme des Vertragsangebots auf Abschluss eines Arbeitsvertrages zu den bisherigen Bedingungen des durch die wirksame Kündigung an sich aufgelösten Arbeitsverhältnisses nicht zumutbar.[34]

---

[34] **BAG** 17.6.1999 – 2 AZR 639/98 = NZA 1999, 1328.

5. Prüfungsschema der personenbedingten Kündigung

5.1. Überblick

Ob eine personenbedingte Kündigung sozial gerechtfertigt ist, wird in drei Stufen geprüft.

Dreistufiger Aufbau

- **Erste Stufe: Negative Prognose**

  Negative Prognose

  Zunächst ist zu prüfen, ob Mängel in der persönlichen Eignung oder Fähigkeit des Arbeitnehmers zur ordnungsgemäßen Leistungserfüllung *nachhaltig* im Sinne einer negativen Prognose über den Ablauf der Kündigungsfrist hinaus zu erwarten sind.

- **Zweite Stufe: Erhebliche Beeinträchtigung betrieblicher Interessen**

  Erhebliche Beeinträchtigung betrieblicher Interessen

  Die im Rahmen der negativen Prognose festgestellten zu erwartenden Störungen des Arbeitsverhältnisses müssen zu einer erheblichen Beeinträchtigung betrieblicher Interessen führen, mit der in Zukunft zu rechnen ist.
  Diese beiden Elemente bilden zusammen den Kündigungsgrund.[35]

- **Dritte Stufe: Interessenabwägung**

  Interessen-abwägung

  Sodann ist mit Hilfe einer auf den Einzelfall bezogenen Interessenabwägung zu klären, ob dem Arbeitgeber unter Berücksichtigung der wechselseitigen Interessen die Fortsetzung des Arbeitsverhältnisses unzumutbar ist. Bei verschiedenen personenbedingten Kündigungsgründen, insbesondere bei der krankheitsbedingten Kündigung, sind bei dieser Prüfung Besonderheiten zu beachten, die bei den betreffenden Einzelfällen (siehe Kap. 6) behandelt werden.

---

[35] **BAG** 29.7.1993 – 2 AZR 155/93 = NZA 1994, 67; **BAG** 6.9.1989 – 2 AZR 224/89 = NZA 1990, 434.

5.2. Die Prüfungsschritte im Einzelnen

5.2.1. 1. Stufe: Negative Prognose der fehlenden Fähigkeit oder Eignung des Arbeitnehmers

Ernsthafte Besorgnis zukünftiger Störungen des Arbeitsverhältnisses

Zum Zeitpunkt des Ausspruchs der Kündigung muss die durch objektive Tatsachen begründete ernsthafte Besorgnis ***zukünftiger*** Störungen des Arbeitsverhältnisses aufgrund der fehlenden Eignung oder Fähigkeit des Arbeitnehmers bestehen (***Prognose-Prinzip***). Hierzu muss anhand objektiver Tatsachen ermittelt werden, ob eine alsbaldige Herstellung oder Wiedererlangung der persönlichen Eignung und Fähigkeit des Arbeitnehmers zur ordnungsgemäßen Erbringung der geschuldeten Arbeitsleistung ausgeschlossen scheint.

Prüfung anhand objektiver Tatsachen und Umstände

Es kommt also darauf an, dass die in der Person des Arbeitnehmers begründeten Störungen des Arbeitsverhältnisses auch ***zukünftig*** zu erwarten sind; dabei sind die ***objektiven Tatsachen und Umstände zum Zeitpunkt der Kündigung***[36] und nicht die subjektiven Vorstellungen und Erwartungen des Arbeitgebers oder des Arbeitnehmers maßgeblich.

Aus objektiven Eignungsmängeln folgt bereits häufig die negative Prognose.

Je nach Ursache für die fehlende Eignung oder Fähigkeit des Arbeitnehmers seine vertraglichen Arbeitspflichten zu erfüllen, kann sich die negative Prognose bereits aus der Art des Mangels selbst ergeben. Dies ist besonders bei ***objektiven Eignungsmängeln*** der Fall.

Beispiele:

- *Wenn der Verlust der Arbeitserlaubnis rechtskräftig oder sonst endgültig feststeht[37] (siehe Stichwort Arbeitserlaubnis, Kap. 6.4).*
- *Wenn dem Arbeitnehmer eine zur Erfüllung der arbeitsvertraglich geschuldeten Leistung erforderliche fachliche Qualifikation fehlt,[38] wenn er sie verliert oder wenn er sie nicht erwirbt, etwa bei Führerscheinentzug und bei Nichtbestehen notwendiger Prüfungs- oder Berufsabschlüsse.*

---

[36] **BAG** 19.4.2012 – 2 AZR 233/11 = NZA 2012, 1449.

[37] **BAG** 7.2.1990 – 2 AZR 359/89 = NZA 1991, 341.

[38] **BAG** 19.4.2012 – 2 AZR 233/11 = NZA 2012, 1449.

Aber auch bei wenigen ***subjektiven Eignungsmängeln*** kann sich die negative Prognose bereits aus der Art des Mangels selbst ergeben, so bei der ernsthaften Weigerung des Arbeitnehmers, die geschuldete Arbeitsleistung zukünftig zu erbringen.

Beispiel:

- *Ein Arbeitnehmer verweigert aus Gewissensgründen eine ihm zugewiesene und nach dem Arbeitsvertrag und den betrieblichen Verhältnissen zu erwartende Arbeit auszuführen (siehe Stichwort Gewissenskonflikt, Kap. 6.13).*

In all diesen Fällen ist davon auszugehen, dass die fehlende Fähigkeit oder Eignung des Arbeitnehmers auch zukünftig zu Störungen des Arbeitsverhältnisses führen wird, so dass die negative Prognose feststeht.

Bei subjektiven Eignungsmängeln sind häufig weitere Darlegungen nötig.

Bei den meisten ***subjektiven Eignungsmängeln*** ist jedoch die Feststellung einer negativen Prognose schwieriger. Es ist eine genaue Darlegung und sorgfältige Beurteilung der die einzelnen Störungen jeweils herbeiführenden Umstände erforderlich. Denn ***Grund der Kündigung*** sind nicht die bisher aufgetretenen Störungen oder die Eignung zum Zeitpunkt der Kündigung, sondern die zu diesem Zeitpunkt ***in Zukunft zu erwartende Entwicklung der persönlichen Eignung und Fähigkeit***.

Beispiel:

- *Bei der krankheitsbedingten Kündigung muss der Arbeitgeber zur Darlegung der negativen Prognose Ausführungen zum zu erwartenden weiteren Krankheitsverlauf machen.*

Einmalige Ereignisse reichen nicht.

Den Umständen, auf denen die negative Prognose beruht, muss deshalb zumindest eine **Wiederholungsgefahr** innewohnen, um eine negative Prognose begründen zu können. Mit aufgetretenen Fehlzeiten, die auf einmalige Ursachen oder Ereignisse zurückzuführen sind, kann daher in der Regel keine negative Prognose begründet werden.

Beispiel:

- *Einmalige Ursachen oder Ereignisse liegen etwa bei einem Armbruch, einer Mandeloperation oder einer ausgeheilten Krankheit vor.*

Ohne Wiederholungsgefahr keine negative Prognose

Weil von einer ausgeheilten Erkrankung keine Wiederholungsgefahr ausgeht, kann diese nicht zur Aufstellung einer negativen Prognose dienen. Denn bei der personenbedingten Kündigung sind die bisherigen, das Arbeitsverhältnis störenden Geschehensabläufe lediglich tatsächliche ***Anhaltspunkte für die zu erwartende Entwicklung*** und nicht selbst Kündigungsgrund. Ihnen kann allerdings ***Indizwirkung*** für eine negative Prognose zukommen, und zwar dann, wenn die festgestellten Ursachen der Eignungsmängel erwarten lassen, dass sie dauerhaft oder jedenfalls auch in absehbarer Zukunft entsprechende Störungen herbeiführen werden.

Die Zuverlässigkeit der negativen Prognose hängt damit wesentlich davon ab, wie genau die Hintergründe und Ursachen für die bisherigen Störungen des Arbeitsverhältnisses beleuchtet und berücksichtigt werden (können). Zwar ist der Arbeitgeber nicht verpflichtet, Erkundigungen einzuholen,[39] jedoch ist es in seinem Interesse, die ***Art***, die ***Dauer*** und die ***Häufigkeit*** der bisherigen Ausfallzeiten oder Leistungsdefizite sowie deren ***Ursachen*** bereits vor Ausspruch der Kündigung zu kennen. Denn im Falle eines Kündigungsschutzprozesses hat er die negative Prognose darzulegen und zu beweisen (siehe Kap. 7.2.1).

Keine vorprozessuale Mitwirkungspflicht

Es besteht grundsätzlich ***keine vorprozessuale Mitwirkungspflicht*** des Arbeitnehmers.[40] Der Arbeitnehmer ist deshalb vor Ausspruch der Kündigung in der Regel nicht zu Auskünften und bei der krankheitsbedingten Kündigung nicht zur Entbindung seiner Ärzte von der Schweigepflicht verpflichtet.[41]

Allerdings verlangt § 167 Abs. 2 SGB IX auch für nicht schwerbehinderte Arbeitnehmer vom Arbeitgeber, die Sicherung des Arbeitsplatzes durch ein ***betriebliches***

---

[39] **BAG** 15.8.1984 – 7 AZR 536/82 = NJW 1985, 2783.

[40] **BAG** 25.11.1982 – 2 AZR 140/81 = NJW 1983, 2897.

[41] **BAG** 12.4.2002 – 2 AZR 148/01 = NZA 2002, 1081.

Eingliederungsmanagement zu klären.[42] Im Falle des Einverständnisses des Arbeitnehmers zu derartigen Maßnahmen erhält der Arbeitgeber Kenntnis von den Umständen, auf denen die Störungen beruhen. Ungeklärt ist die Frage, ob der Arbeitgeber dieses Wissen im späteren Kündigungsschutzprozess verwenden darf (siehe Stichwort Krankheit, Überblick – BEM, Kap. 6.15).

5.2.2. 2. Stufe: Erhebliche Beeinträchtigung betrieblicher Interessen

Die im ersten Prüfschritt festgestellte negative Prognose kann eine personenbedingte Kündigung nur rechtfertigen, wenn die zukünftig für das Arbeitsverhältnis zu erwartenden Störungen zu einer erheblichen Beeinträchtigung betrieblicher Interessen führen. Als erhebliche Beeinträchtigung betrieblicher Interessen kommen entweder ***erhebliche Betriebsablaufstörungen***, aber auch ***erhebliche wirtschaftliche Beeinträchtigungen betrieblicher Interessen*** in Betracht.

Für die Frage, ob erhebliche Betriebsablaufstörungen oder erhebliche wirtschaftliche Beeinträchtigungen betrieblicher Interessen in Zukunft zu befürchten sind, ist auf die ***künftig zu erwartenden Auswirkungen der fehlenden Eignung oder Fähigkeit*** des Arbeitnehmers zur Erfüllung der geschuldeten Arbeitsleistung abzustellen. Die zu erwartenden Auswirkungen hängen wesentlich von der ***Position*** des zu kündigenden ***Arbeitnehmers*** im Betrieb oder Unternehmen ab.

Beispiel:

- *Eine besondere Qualifikation des Arbeitnehmers kann dazu führen, dass seine Vertretung durch Kollegen nicht möglich ist oder Ersatzpersonal nicht oder nur vorübergehend beschafft werden kann.*

---

[42] **BAG** 10.12.2009 – 2 AZR 198/09 – NZA 2010, 639.

5.2.2.1. Erhebliche Betriebsablaufstörungen

Betriebsablaufstörung

Als ***Betriebsablaufstörungen*** wegen (wiederholter) Ausfallzeiten oder fehlender Eignung des Arbeitnehmers kommen insbesondere ein Stillstand von Maschinen und sonstige Störungen des Arbeitsablaufs in Betracht, die zu Produktionsausfällen führen.[43] Auch kann der Rückgang der Produktion wegen erst einzuarbeitenden Ersatzpersonals oder aufgrund des Abzugs von Arbeitskräften aus anderen Arbeitsbereichen entstehen. Ferner sind Störungen durch wiederkehrende Überlastung des verbliebenen Personals denkbar. Ebenso kommen als erhebliche Betriebsablaufstörungen, die Nichterfüllung von Lieferverträgen, nicht eingehaltene Liefertermine und eine dadurch verursachte Verärgerung von Kunden oder gar der Verlust von Kundenaufträgen in Betracht. Um eine erhebliche Betriebsablaufstörung zu bejahen, werden von Seiten der Gerichte gesteigerte Anforderungen an den darlegungspflichtigen Arbeitgeber gestellt.

Beispiel:

- *Behauptet der Arbeitgeber, dass der ausfallende Arbeitnehmer eine qualifizierte Tätigkeit verrichtet, welche eine Einarbeitungszeit von einem halben bis einem Jahr erfordert und deshalb von Aushilfskräften nicht erledigt werden kann, so dass Ausfallzeiten nur durch Umsetzungsmaßnahmen ausgeglichen werden könnten, muss er konkret darstellen, welche Umsetzungsmaßnahmen tatsächlich vorgenommen worden sind. Ferner ist darzulegen, ob die ergriffenen Maßnahmen mit Ableistung von Mehrarbeit und/oder der Überlastung des Personals verbunden sind.*[44]

Betriebsablaufstörungen können bei jährlichen Ausfallzeiten von weniger als sechs Wochen vorliegen

Zu beachten ist, dass ***erhebliche Betriebsablaufstörungen bereits bei jährlichen Ausfallzeiten von weniger als sechs Wochen*** vorliegen können[45], dem Entgeltfortzahlungszeitraum gemäß § 3 Abs. 1 Entgeltfortzahlungsgesetz, der Referenzzeitraum bei der Prüfung des Vorliegens wirtschaftlicher Beeinträchtigungen ist.

---

[43] etwa Ausfall der EDV-Anlage, **LAG Sa.-Anh.** 8.5.2007 – 8 Sa 102/06, nv. (juris).

[44] **BAG** 7.12.1989 – 2 AZR 225/89 = EzA § 1 KSchG Krankheit Nr 30.

[45] **BAG** 7.12.1989 – 2 AZR 225/89 = EzA § 1 KSchG Krankheit Nr 30.

Betriebsablaufstörungen sind aber nur dann als Kündigungsgrund geeignet, wenn sie nicht durch mögliche ***Überbrückungsmaßnahmen*** vermieden werden können. Hierzu gehören alle Maßnahmen, die anlässlich des konkreten Ausfalls des Arbeitnehmers ergriffen werden.

Keine Betriebsablaufstörung, wenn Überbrückungsmaßnahmen möglich sind

Beispiele:

- *Neueinstellung einer Aushilfskraftkraft,*
- *Umorganisation des Arbeitsablaufs,*[46]
- *Einsatz eines Arbeitnehmers aus einer vorgehaltenen Personalreserve (Springer).*

Werden auf diese Weise Ausfälle tatsächlich überbrückt, so liegt bereits objektiv keine erhebliche Beeinträchtigung betrieblicher Interessen und damit kein zur Kündigung geeigneter Grund vor. Allerdings ist etwa bei häufigen Kurzerkrankungen die Möglichkeit zur Einstellung von Aushilfskräften eingeschränkt, da deren Einsatz nicht kalkulierbar ist.[47]

Keine Betriebsablaufstörung, wenn Fehlzeiten durch Umsetzung zu vermeiden sind

Eine Überbrückungsmaßnahme kann auch die ***Umsetzung*** des betroffenen Arbeitnehmers selbst sein oder sie kann durch ein gemäß § 167 Abs. 2 SGB IX vor einer Kündigung durchzuführendes ***BEM*** gefunden werden (siehe Stichwort Krankheit, Überblick – BEM, Kap. 6.15). Können die Fehlzeiten durch die Versetzung auf einen anderen freien Arbeitsplatz erheblich reduziert oder gar vermieden werden oder tritt der konkrete Eignungsmangel nur auf dem von ihm besetzten, nicht aber auf einem anderen freien Arbeitsplatz auf, auf dem er eingesetzt werden könnte, kann es an einer erheblichen Beeinträchtigung betrieblicher Interessen fehlen.[48]

Keine Betriebsablaufstörung, wenn die Kündigung durch Umgestaltung des Arbeitslatzes zu vermeiden ist

Zur Vermeidung einer Kündigung, so wegen verminderter Leistungsfähigkeit eines älteren Arbeitnehmers, kann auch die ***Umgestaltung des Arbeitsplatzes*** in Betracht kommen.[49] Insbesondere wenn der Arbeitnehmer krankheitsbedingt auf Dauer nicht mehr in der

[46] **LAG B.-Brb.** 4.12.2008 – 26 Sa 343/08, nv. (juris).

[47] **BAG** 16.2.1989 – 2 AZR 299/88 = NZA 1989, 923.

[48] **BAG** 20.5.1988 – 2 AZR 682/87 = NZA 1989 464.

[49] **BAG** 12.7.1995 – 2 AZR 762/94 = NZA 1995 1100 = DB 1995, 2617.

Ob der Arbeitgeber eine Personalreserve vorhält, ist eine freie Unternehmerentscheidung

Lage ist, die geschuldete Arbeit auf seinem bisherigen Arbeitsplatz zu leisten, ist er zur Vermeidung einer Kündigung auf einem ***leidensgerechten Arbeitplatz*** im Betrieb oder Unternehmen weiter zu beschäftigen, falls ein solcher Arbeitsplatz frei und der Arbeitnehmer für die dort zu leistende Arbeit geeignet ist. Gegebenfalls hat der Arbeitgeber einen solchen Arbeitsplatz durch Ausübung seines Direktionsrechts frei zu machen und sich um die eventuell notwendige Zustimmung des Betriebsrates zu bemühen. Zur Durchführung eines Zustimmungsersetzungsverfahrens gemäß § 99 Abs. 4 BetrVG ist der Arbeitgeber dagegen nicht verpflichtet.[50]

Die Verpflichtung des Arbeitgebers zur Umsetzung des Arbeitnehmers auf einen leidensgerechten Arbeitsplatz setzt im Übrigen nicht voraus, dass der leidensgerechte Arbeitsplatz bereits existiert. Vielmehr ist der Arbeitgeber auch verpflichtet, auf der Basis seines Direktionsrechts eine zumutbare betriebliche Umorganisation vorzunehmen, um dem betroffenen Arbeitnehmer einen leidensgerechten Arbeitsplatz zu erhalten.[51]

Zweifelhaft erscheint, ob ein Arbeitgeber, der den Ausfall eines Arbeitnehmers durch Springer hätte ausgleichen können, im Kündigungsschutzprozess so zu stellen ist, als wäre bei ihm eine Personalreserve vorhanden und zwar unabhängig, ob er eine solche Personalreserve tatsächlich vorhält.[52] Das würde bedeuteten, dass jede durch den zumutbaren Einsatz von Springern überbrückbare Fehlzeit von Arbeitnehmern unabhängig davon, ob der Arbeitgeber solche Springer beschäftigt, keine erheblichen Beeinträchtigungen betrieblicher Interessen nach sich ziehen könnte. ***Ob der Arbeitgeber eine Personalreserve vorhält*** oder auf welchen Prozentsatz er diese bemisst, ***stellt jedoch eine freie Unternehmerentscheidung dar***, die nur dahingehend der beschränkten Kontrolle durch die Gerichte unterliegt, ob sie offenbar unsachlich, unvernünftig oder willkürlich ist.[53]

---

50 **BAG** 29.1.1997 – 2 AZR 9/96 = NZA 1997, 709.

51 **BAG** 12.7.2007 – 2 AZR 716/06 = DB 2008, 189.

52 So **APS /Vossen** § 1 KSchG Rz. 155.

53 **BAG** 29.7.1993 – 2 AZR 155/93 = NZA 1994, 67.

Ist eine festgestellte Beeinträchtigung betrieblicher Interessen mit Überbrückungs- oder Umsetzungsmaßnahmen nicht zu vermeiden, so gehört ebenfalls noch zum Kündigungsgrund, dass die Störung ***erheblich*** ist. Nicht jede Beeinträchtigung betrieblicher Belange durch die in Zukunft zu erwartenden Störungen des Arbeitsverhältnisses aufgrund der fehlenden Eignung oder Fähigkeit des Arbeitnehmers kann eine personenbedingte Kündigung rechtfertigen, da sonst der Verhältnismäßigkeitsgrundsatz verletzt wird. Es können nur schwerwiegende Störungen des Betriebsablaufs kündigungsrelevant werden.

Schwerwiegende Störungen

5.2.2.2. Erhebliche wirtschaftliche Beeinträchtigungen

Die Beantwortung der Frage, ob erhebliche ***wirtschaftliche Beeinträchtigungen*** betrieblicher Interessen zu befürchten sind, hängt davon ab, welche ***Kostenbelastungen*** der Arbeitgeber durch die in der Person des Arbeitnehmers begründeten Störungen des Arbeitsverhältnisses ***in Zukunft*** zu erwarten hat.[54] Von einer erheblichen wirtschaftlichen Belastung des Arbeitgebers ist auszugehen, wenn etwa infolge immer neuer beträchtlicher krankheitsbedingter Fehlzeiten des Arbeitnehmers mit entsprechenden Mehraufwendungen für die Beschäftigung von Aushilfskräften zu rechnen ist. Auch allein die zu erwartende wirtschaftliche Belastung mit außergewöhnlich hohen Entgeltfortzahlungskosten, die jährlich jeweils für einen Zeitraum von mehr als sechs Wochen aufzuwenden sind, kann einen zur sozialen Rechtfertigung der Kündigung geeigneten Grund darstellen. Es ist dabei nicht erforderlich, dass neben derartigen Entgeltfortzahlungskosten weitere Belastungen des Arbeitgebers entstehen, etwa Betriebsablaufstörungen oder Vorhaltekosten für eine Personalreserve. Auch wenn weitere Belastungen fehlen, können allein die Entgeltfortzahlungskosten zu einer wirtschaftlichen Belastung des Arbeitgebers werden,

Das Vorliegen erheblicher wirtschaftliche Beeinträchtigungen hängt von der Kostenbelastung ab.

Entgeltfortzahlungskosten von jährlich mehr als 6 Wochen

[54] **BAG** 22.07.2021 – 2 AZR 125/21.

die dieser billigerweise nicht mehr hinzunehmen hat.[55] Dabei ist nur auf die Kosten des Arbeitsverhältnisses und nicht auf die Gesamtbelastung des Betriebes mit Entgeltfortzahlungskosten abzustellen.[56]

5.2.3. 3. Stufe: Interessenabwägung

Umfassende Interessenabwägung

Die soziale Rechtfertigung einer personenbedingten Kündigung setzt in der dritten Stufe voraus, dass die infolge der festgestellten negativen Prognose zukünftig zu erwartenden erheblichen Beeinträchtigungen betrieblicher Belange wirtschaftlicher oder sonstiger Art zu einer ***billigerweise nicht mehr hinzunehmenden Belastung des Arbeitgebers*** führen.[57] Ob eine derartige erhebliche Störung des Gleichgewichts von Leistung und Gegenleistung im Arbeitsverhältnis vorliegt, ist im Rahmen einer auf den *Einzelfall* bezogenen Interessenabwägung zu beurteilen, bei der die jeweiligen besonderen Interessen der Parteien zu berücksichtigen sind.

Arbeitsplatzbezogen

Die im konkreten Fall in Betracht kommenden Umstände sind gegeneinander abzuwägen. ***Maßgeblich sind in erster Linie arbeitsplatzbezogene Kriterien.*** Erst wenn der Kündigungsgrund feststeht, also tatsächlich von einer negativen Prognose auszugehen ist und durch die in Zukunft zu erwartenden Fehlzeiten oder sonstigen Störungen des Arbeitsverhältnisses erhebliche Betriebsablaufstörungen oder erhebliche wirtschaftliche Belastungen des Arbeitgebers zu erwarten sind, ist in der dritten Stufe bei der Interessenabwägung zu prüfen, ob dem Arbeitgeber weiter gehende Überbrückungsmaßnahmen zumutbar sind.[58]

---

[55] **BAG** 29.7.1993 – 2 AZR 155/93 = NZA 1994, 67; **BAG** 5.7.1990 – 2 AZR 154/90 = NZA 1991, 185.

[56] **BAG** 7.11.1985 – 2 AZR 657/84 = NZA 1986, 359; **BAG** 15.2.1984 – 2 AZR 573/82 = NZA 1984, 86.

[57] **BAG** 12.4.2002 – 2 AZR 148/01 = NZA 2002, 1081; **BAG** 29.4.1999 – 2 AZR 431/98 = NZA 1999, 978; **BAG** 21.5.1992 – 2 AZR 399/91 = NZA 1993, 497.

[58] **BAG** 16.2.1989 – 2 AZR 299/88 = NZA 1989, 923.

Es gibt ***keinen abgeschlossenen Kriterienkatalog***. Ebenso wenig ist ein bestimmtes Ausmaß an Fehlzeiten immer geeignet, die Fortsetzung des Arbeitsverhältnisses für den Arbeitgeber unzumutbar erscheinen zu lassen. Viele Merkmale können je nach Sachlage zugunsten des Arbeitgebers oder zugunsten des Arbeitnehmers zu berücksichtigen sein. Die mögliche Bedeutung eines Abwägungskriteriums ergibt sich aus den konkreten Umständen des jeweiligen Arbeitsverhältnisses.

Kein abgeschlossener Abwägungskatalog

Einzelne Abwägungsmerkmale:

- ***Dauer des Arbeitsverhältnisses:*** Je länger das Arbeitsverhältnis ***ohne Störungen*** bestanden hat, umso strenger ist die Abwägung der Arbeitgeberinteressen gegenüber dem Bestandsschutzinteresse des Arbeitnehmers vorzunehmen. Eine lange Dauer des Beschäftigungsverhältnisses kann insbesondere dazu führen, dass der Arbeitgeber über einen längeren Zeitraum geeignete und zumutbare Überbrückungsmaßnahmen hinzunehmen hat.[59] Hingegen kann eine kurze Dauer des Arbeitsverhältnisses auch bei verhältnismäßig geringen Belastungen des Arbeitgebers eine Kündigung rechtfertigen.

Dauer des Arbeitsverhältnisses ohne Störungen

- ***Alter des Arbeitnehmers:*** Das verhältnismäßig hohe Alter eines Arbeitnehmers, insbesondere dessen ohnehin zeitnahes Ausscheiden,[60] kann bei einem schon lange währenden Arbeitsverhältnis dem Arbeitgeber eine größere Rücksichtnahme abverlangen, wohingegen es bei einem relativ kurzen Arbeitsverhältnis für sich alleine kein wesentliches Merkmal darstellt. Andererseits kann ein niedriges Lebensalter gerade für erhebliche in der Zukunft weiter zu erwartende Ausfallzeiten sprechen, so dass es zu Lasten des Arbeitnehmers berücksichtigt werden kann.[61]

Alter des Arbeitnehmers

[59] **BAG** 22.2.1980 – 7 AZR 295/78 = DB 1980, 1446.

[60] **LAG Hamm** 26.2.2004 – 8 Sa 1897/03 = LAG Report 2005, 11; **LAG Hamm** 14.7.2004 – 2 Sa 1512/03, nv. (juris).

[61] **BAG** 17.6.1999 – 2 AZR 639/98 = NZA 1999, 1328; **BAG** 6.9.1989 – 2 AZR 19/89 = NZA 1990, 307.

Soziale Schutzbedürftigkeit des Arbeitnehmers

- ***Soziale Schutzbedürftigkeit des Arbeitnehmers:*** Hier sind der Familienstand, die Unterhaltspflichten oder auch eine bestehende Schwerbehinderung des Arbeitnehmers von Bedeutung. Ebenso können schlechte Chancen auf dem Arbeitsmarkt zu Gunsten des Arbeitnehmers einzubeziehen sein.

Besonderer Kündigungsschutz

- ***Besonderer Kündigungsschutz:*** Bei einem aufgrund tarifvertraglicher oder einzelvertraglicher Bestimmungen ordentlich unkündbaren Arbeitnehmer ist es grundsätzlich möglich, aus personenbedingten Gründen eine außerordentliche Kündigung auszusprechen, wobei grundsätzlich eine der ordentlichen Kündigungsfrist entsprechende Auslauffrist einzuhalten ist.[62] In einem solchen Fall ist bei der Interessenabwägung der besondere Kündigungsschutz des Arbeitnehmers zu seinen Gunsten zu berücksichtigen. Es ist ein besonders strenger Maßstab anzulegen.[63]

Berücksichtigung der Ursachen

- ***Ursache der Störung:*** Die Ursache für die eingetretene Störung des Arbeitsverhältnisses kann je nach Sachlage zu Gunsten der einen oder anderen Arbeitsvertragspartei zu berücksichtigen sein. Beruht etwa ein Unfall, der zum Ausfall des Arbeitnehmers führt, auf seinem eigenen unvorsichtigem Verhalten oder gar Verschulden, wird dies zu seinen Lasten gehen. Dies gilt auch für ***genesungswidriges*** oder gesundheitsschädliches ***Verhalten***. Andererseits ist an die Sozialwidrigkeit der Kündigung ein strenger Maßstab anzulegen, wenn ein Betriebsunfall auf die ***Unterlassung von Unfallschutzmaßnahmen*** oder die ***Umgehung*** von Unfallschutzvorschriften zurückzuführen ist.

  Betriebliche Besonderheiten, wie etwa ein immissionsbelasteter Arbeitsplatz, können eine Rolle spielen, wobei allerdings eine besondere gesundheitliche Veranlagung des Arbeitnehmers im Falle ihrer (Mit-) Ursächlichkeit ebenfalls in die Abwägung einzubeziehen ist.[64]

---

62 **BAG** 18.10.2000 – 2 AZR 627/99 = NZA 2001, 219.

63 **LAG Rh.-Pf.** 6.2.2009 – 9 Sa 685/07, nv. (juris).

64 **BAG** 5.7.1990 – 2 AZR 154/90 = NZA 1991, 185.

- ***Personaleinsatzprobleme:*** Auf Seiten des Arbeitgebers ist bei der Interessenabwägung zu berücksichtigen, wenn wegen Besonderheiten der Tätigkeit Planungsmöglichkeiten fehlen oder wesentlich erschwert sind, wenn Probleme in der Zusammenarbeit der Kollegen des betroffenen Arbeitnehmers bestehen oder wenn anderen Arbeitnehmern eine wegen der fehlenden Fähigkeit oder Eignung des betroffenen Arbeitnehmers eintretende weitere Überlastung nicht mehr zuzumuten ist.

Schwierigkeiten bei der Personaleinsatzplanung

- ***Belastbarkeit des Arbeitgebers:*** Die weitere wirtschaftliche Belastbarkeit des Arbeitgebers hängt wesentlich von der Größe des Betriebes ab. Aber auch bei der Bewertung der Unzumutbarkeit weiterer Betriebsablaufstörungen kann die Betriebsgröße eine Rolle spielen.

Betriebsgröße

- ***Vorhaltekosten:*** Hält der Arbeitgebers eine die durchschnittliche Ausfallzeit vergleichbarer Arbeitnehmer ausgleichende Personalreserve vor, sind die hierfür aufzuwendenden Vorhaltekosten zugunsten des Arbeitgebers bei der Interessenabwägung zu berücksichtigen.[65]

Vorhaltekosten für Personalreserve

- ***Zumutbarkeit weiterer Überbrückungsmaßnahmen:*** Weitere Überbrückungsmaßnahmen können insbesondere dann zumutbar sein, wenn mit der Wiedererlangung der Eignung und Fähigkeit des Arbeitnehmers zur Erfüllung der geschuldeten Arbeitsleistung in absehbarer Zeit zu rechnen ist. Andererseits kann auch nach Betriebsunfällen bei noch so strenger Interessenabwägung eine dauerhafte Verpflichtung des Arbeitgebers zur Beschäftigung des Arbeitnehmers mit unproduktiver Tätigkeit nicht verlangt werden.

Möglichkeit weiterer Überbrückungsmaßnahmen

[65] **BAG** 29.7.1993 – 2 AZR 155/93 = NZA 1994, 67.

6. Einzelfälle

Einzelfälle als erste Orientierung

Die nachfolgende Auflistung enthält eine alphabethisch geordnete Auflistung von personenbedingten Kündigungsgründen. Sie beruht auf hierzu ergangener Rechtsprechung. Dabei ist zu beachten, dass es sich um Einzelfälle handelt, die nicht ohne weiteres mit anderen Fällen vergleichbar sind. Sie können aber eine erste Orientierung bieten.

6.1. Aids

Aids-Infektion allein kein Kündigungsgrund

Die Infektion mit dem HIV-Virus beeinträchtigt den Arbeitnehmer in der Regel nicht in seiner Eignung oder Fähigkeit, die arbeitsvertraglich geschuldete Arbeitsleistung zu erbringen. Besteht allerdings aufgrund der Art der geschuldeten Tätigkeit eine Gefahr Dritter sich ebenfalls anzustecken, kann die Infektion als solche eine personenbedingte Kündigung rechtfertigen. Ebenso kann es sich verhalten, wenn der infizierte Arbeitnehmer Verhaltensweisen zeigt, die zur Störung des Arbeitsverhältnisses führen, so im Falle eines nach Kenntnis von der Infektion unternommenen Selbstmordversuchs mit anschließender bis auf weiteres andauernder Arbeitsunfähigkeit. In diesem Fall nimmt der Arbeitgeber nicht nur die Infektion, sondern weitere Umstände als Kündigungsgrund in Anspruch, die die Kündigung sozial rechtfertigen können, ohne dass sie treuwidrig erscheint.[66] Führt die Infektion mit dem HIV-Virus jedoch zu Krankheitssymptomen und dadurch verursachten Arbeitsunfähigkeitszeiten, gelten die Grundsätze der krankheitsbedingten Kündigung, wobei je nach Situation der Erkrankung eine Kündigung wegen häufiger Kurzerkrankungen oder eine solche wegen lang anhaltender oder dauernder Erkrankung in Betracht kommt (siehe Stichwort Krankheit, Kap. 6.15.2 und 6.15.3). Für die Feststellung einer negativen Gesundheitsprognose ist bei Aids zu beachten, dass ersten Krankheitszeichen in der Regel eine lange beschwerde-

Führt die Aids-Infektion zu Arbeitsausfällen, gelten die allgemeinen Grundsätze

---

66 **BAG** 16.2.1989 – 2 AZR 347/88 = NZA 1989, 962, für einen Arbeitnehmer ohne Kündigungsschutz.

freie Zeit folgt. Erst die zweite Phase der Erkrankung führt zu jahrelang sich hinziehenden, unspezifischen Beschwerden wie Müdigkeit, Abgeschlagenheit, Konzentrationsverlust, Nervenlähmungen, unerklärlichem Fieber und Durchfällen. Hierdurch bedingte häufige und wechselnde Ausfallzeiten können bei Vorliegen der sonstigen Voraussetzungen (dreistufige Prüfung) eine personenbedingte Kündigung sozial rechtfertigen. Zu beachten ist noch, das eine symptomlose HIV-Infektion eine Behinderung im Sinne des Allgemeinen Gleichbehandlungsgesetzes zur Folge hat und deshalb eine ordentliche Kündigung eines so erkrankten Arbeitnehmers, auf den das Kündigungsschutzgesetz (noch) keine Anwendung findet, nach § 134 BGB iVm. § 7 Abs. 1, §§ 1, 3 AGG unwirksam sein kann.[67] Bei einer Infektionskrankheit wie Aids kann darüber hinaus eine Druckkündigung (siehe Stichwort ***Druckkündigung***, Kap. 6.6) in Betracht kommen.[68] Da der Arbeitnehmer alleine durch seine Infektionskrankheit noch keinen zur personenbedingten Kündigung rechtfertigenden Grund setzt, ist bei Auftreten einer Drucksituation hier in besonderem Maße vom Arbeitgeber zu verlangen, alle Möglichkeiten zu ergreifen, um eine solche Kündigung zu vermeiden.[69] Dies kann etwa dadurch geschehen, dass er die Belegschaft durch Aufklärung von der nahezu ausgeschlossenen Infektionsgefahr zu überzeugen versucht. Auch hat er zu prüfen, ob der betroffene oder die den Druck ausübenden Arbeitnehmer umgesetzt werden können oder eine sonstige der Druckentlastung dienende Organisationsänderung vorgenommen werden kann.

Arbeitgeber muss Drucksituation entgegenwirken

67 **BAG** 19.12.2013 – 6 AZR 190/12 – NZA 2014, 372.

68 **ArbG Berlin** 16.6.1987 – 24 Ca 319/86 = NZA 1987, 637.

69 **APS/Vossen**, § 1 KSchG Rz. 227.

6.2. Alkohol- und Drogensucht

6.2.1. Überblick

Alkoholabhängigkeit ist eine Krankheit

Nach der Rechtsprechung des Bundesarbeitsgerichts ist Alkoholabhängigkeit eine Krankheit im medizinischen und juristischen Sinne.

> Von krankhaftem Alkoholismus ist auszugehen, wenn infolge psychischer und physischer Abhängigkeit Gewohnheits- und übermäßiger Alkoholgenuss trotz besserer Einsicht nicht aufgegeben oder reduziert werden kann.[70]

Ist im Zusammenhang mit alkoholbedingtem Fehlverhalten eines Arbeitnehmers eine Kündigung beabsichtigt, ist deshalb zunächst im Einzelfall abzugrenzen, ob die strengen Maßstäbe einer ***personenbedingten Kündigung*** anzuwenden sind, weil eine Alkoholabhängigkeit – also einer Erkrankung des Arbeitnehmers – vorliegt oder ob ***verhaltensbedingte Gründe*** anzunehmen sind.

Beruht die Pflichtverletzung wegen Alkoholisierung im Betrieb nicht auf einer Alkoholabhängigkeit, also nicht auf einer Erkrankung, kommt – in der Regel nach erfolgloser Abmahnung – eine verhaltensbedingte Kündigung in Betracht.

Auf Alkoholabhängigkeit beruhende verhaltensbedingte Kündigung mangels Schuldvorwurf unwirksam

Spricht aber der Arbeitgeber eine verhaltensbedingte Kündigung aus, obwohl die Pflichtverletzung auf Alkoholabhängigkeit und damit auf einer Erkrankung des Arbeitnehmers beruht, ist die Kündigung in der Regel sozialwidrig, weil dem Arbeitnehmer im Zeitpunkt der Pflichtverletzung kein Schuldvorwurf zu machen ist.[71] Hat die Alkohol-, Drogen- oder Spielsucht[72] nämlich das Stadium einer Krankheit erreicht, kann dem Arbeitnehmer, der Arbeitsvertragspflichten verletzt, die auf seiner Abhängigkeit beruhen, indem er etwa während der Arbeit Alkohol zu sich nimmt, infolge dieser Abhängigkeit zum Zeitpunkt der Pflichtverletzung kein Schuldvorwurf gemacht werden. Eine verhaltensbedingte Kündigung

---

[70] **BAG** 26.1.1995 – 2 AZR 649/94 = DB 1995.

[71] **BAG** 20.12.2012 – 2 AZR 32/11 = DB 2013, 882.

[72] **ArbG Berlin** 13.2.2004 – 31 Ca 12306/03 = DB 2005, 1274.

könnte allenfalls darauf gestützt werden, der Arbeitnehmer habe seine – sich negativ auf das Arbeitsverhältnis auswirkende – Alkoholabhängigkeit schuldhaft herbeigeführt.[73]

6.2.2. Prüfungsschema

Beurteilung nach Grundsätzen der krankheitsbedingten Kündigung

Die Kündigung wegen Alkoholsucht ist, weil es sich um eine Erkrankung handelt, nach den für die ***krankheitsbedingte Kündigung*** geltenden Grundsätzen zu beurteilen.[74] Auch die Prüfung einer wegen Suchterkrankung ausgesprochenen krankheitsbedingten Kündigung ist in **drei Stufen vorzunehmen**, wobei im Folgenden auf die bei Alkohol- oder Drogensucht zu beachtenden Besonderheiten eingegangen wird:

Negative Prognose bei fehlender Therapiebereitschaft

1. Stufe: Negative Prognose. Auch die soziale Rechtfertigung einer wegen Suchterkrankung ausgesprochenen Kündigung setzt in der ersten Stufe eine negative Prognose hinsichtlich des voraussichtlichen weiteren Krankheitsverlaufs voraus. Bei einer Suchtkrankheit sind an die negative Gesundheitsprognose je nach Art und Bedeutung der Aufgaben des Arbeitnehmers im Betrieb unter Umständen geringere Anforderungen zu stellen.[75] Allerdings muss feststehen, dass der Arbeitnehmer infolge der Sucht die von ihm geschuldete Arbeitsleistung nicht störungsfrei erbringen kann.[76] Ist der Arbeitnehmer **im Zeitpunkt der Kündigung nicht therapiebereit**, ist ohne weiteres von einer negativen Gesundheitsprognose auszugehen, da angenommen werden kann, dass der Arbeitnehmer in absehbarer Zeit nicht geheilt sein wird.[77] Dabei ist zu beachten, dass eine Therapiebereitschaft dem Arbeitnehmer bereits

---

[73] Zum Thema Alkohol und verhaltensbedingte Kündigung siehe in dieser Reihe **Quecke**: „Verhaltensbedingte Kündigung und Abmahnung", Rieder Verlag, Münster.

[74] **BAG** 20.12.2012 2 AZR 32/11 = DB 2013, 882.

[75] **BAG** 9.4.1987 – 2 AZR 210/86 = NZA 1987, 811; **BAG** 17.6.1999 – 2 AZR 639/98, =NZA 1999, 1328; **BAG** 16.9.1999 – 2 AZR 123/99 = NZA 2000, 141.

[76] **LAG** Thüringen 19.4.2016 – 7 Sa 374/15 – juris.

[77] **BAG** 9.4.1987 – 2 AZR 210/86 = NZA 1987, 811.

dann unterstellt werden kann, wenn der Arbeitnehmer eine vom Arzt angeordnete ambulante Behandlung durchführt.[78] Da zur Beurteilung der Wirksamkeit der Kündigung auf den Zeitpunkt der Kündigung abzustellen ist, ist eine erst nach Ausspruch der Kündigung eintretende Therapiebereitschaft unbeachtlich und lässt die ursprüngliche negative Prognose nicht fehlerhaft erscheinen.

Arbeitgeber muss Chance für Therapiemaßnahme einräumen

In der Praxis empfiehlt es sich für den Arbeitgeber, vor Ausspruch der Kündigung ein klärendes Gespräch mit dem Arbeitnehmer zu führen. Denn ein Arbeitgeber, der ***Anhaltspunkte für eine bestehende Suchterkrankung*** hat, muss dem betroffenen Arbeitnehmer nach dem Grundsatz der Verhältnismäßigkeit vor Ausspruch der Kündigung die Chance zu einer Entziehungskur oder sonst geeigneten Therapiemaßnahme bieten.[79] Erklärt sich der Arbeitnehmer bis zum Ausspruch der Kündigung ***therapie- oder rehabilitationsbereit***, muss der Arbeitgeber den Erfolg einer derartigen Maßnahme in der Regel abwarten. Etwas anders gilt, wenn der Arbeitnehmer erst kürzlich eine derartige Maßnahme schuldhaft abgebrochen oder eine solche Maßnahme nur zeitweilig Erfolg hatte, ohne dass inzwischen Umstände auszumachen sind, die für die Annahme einer größeren Einsicht des Arbeitnehmers in die Notwendigkeit einer Therapie sprechen. Insbesondere im Falle eines Rückfalls ist auch die Art und Dauer der vorgesehenen Therapiemaßnahme von Bedeutung. Dabei ist weder eine bloße Entgiftung noch die Teilnahme an einer ambulanten Suchthilfe bereits mit einer Entziehungskur gleichzusetzen.[80] War der Arbeitnehmer bisher nur zur kurzfristigen stationären Entgiftung bereit und erklärt er jetzt (vor Ausspruch der Kündigung) seine Bereitschaft, an einer umfassenden Entziehungskur teilzunehmen, ist ihm Gelegenheit zu geben, seine Fähigkeit zur störungsfreien Erbringung der Arbeitsleistung auf diese Weise wieder herzustellen.

---

78 **LAG Hamm** 21.9.2007 – 7 Sa 916/07 (juris).

79 **BAG** 17.6.1999 – 2 AZR 639/98 = NZA 1999, 1328.

80 **LAG Hamm** 21.9.2007 – 7 Sa 916/07 (juris).

Der Arbeitgeber, der eine Kündigung wegen einer Suchterkrankung ausspricht, ohne im Vorfeld die Möglichkeiten einer Therapie anzusprechen, läuft Gefahr, dass der Arbeitnehmer im Kündigungsschutzverfahren behauptet, er hätte sich zur Durchführung einer Therapie entschlossen, wenn der Arbeitgeber dies zuvor angesprochen hätte. Bei Vorliegen der Voraussetzungen ist auch bei einer Suchterkrankung ein BEM nach § 167 Abs. 2 SGB IX durchzuführen und nach Alternativen zur Kündigung zu suchen.[81]

Vor Kündigung Möglichkeit der Therapie ansprechen

2. Stufe: Erhebliche Beeinträchtigung der betrieblichen Interessen. Hier gelten im Wesentlichen die bei der krankheitsbedingten Kündigung dargestellten Grundsätze (siehe Stichwort Krankheit, Kap. 6.15). Eine erhebliche Beeinträchtigung betrieblicher Belange kann sich bei einer Suchterkrankung etwa daraus ergeben, dass der Arbeitnehmer auf seinem Arbeitsplatz nicht mehr einsetzbar ist. Ein solcher Fall kann insbesondere vorliegen, wenn die Tätigkeit des Arbeitnehmers mit einer Selbstgefährdung oder einer Gefährdung Dritter verbunden ist und der Arbeitgeber nicht darauf vertrauen kann, dass der Arbeitnehmer nüchtern ist.[82] Auch bei einer Suchterkrankung ist von einer gravierenden Störung des arbeitsvertraglichen Austauschverhältnisses auszugehen (Fachbegriff: Äquivalenzstörung), wenn für die Zukunft mit immer neuen, außergewöhnlich hohen Entgeltfortzahlungskosten zu rechnen ist, die pro Jahr für einen Zeitraum von mehr als sechs Wochen aufzuwenden sind.[83] Bei Vorliegen zwingender betrieblicher Auswirkungen kann es dem Arbeitgeber unzumutbar sein, das Arbeitsverhältnis bis zum Erfolg einer Therapie fortzusetzen. Ein solcher Fall kann vorliegen, wenn Überbrückungsmaßnahmen wie der Einsatz von Springern wegen der Tätigkeit des Arbeitnehmers ausscheiden, der Arbeitsplatz aber besetzt werden muss.[84]

Erhebliche Beeinträchtigung betrieblicher Interessen wegen Selbstgefährdung oder Gefährdung Dritter

---

81 **BAG** 20.3.2014 2 AZR 565/12 – NZA 2014, 602.

82 **LAG München** 10.5.2012 – 3 Sa 1134/11= LAGE § 1 KSchG Personenbedingte Kündigung Nr. 25.

83 **BAG** 29.7.1993 – 2 AZR 155/93 = NZA 1994, 67.

84 **LAG Hamm** 2.5.1986 – 16 Sa 1987/85; **APS/Vossen**, § 1 KSchG Rz. 235.

Niedriges Lebensalter des Arbeitnehmers kann zu Gunsten des Arbeitgebers berücksichtigt werden

3. Stufe: Interessenabwägung. Es gelten die Grundsätze der Interessenabwägung jeder personenbedingten Kündigung (siehe Kap. 5.2.3). Ein verhältnismäßig niedriges Lebensalter kann bei einer wegen Alkoholsucht ausgesprochenen krankheitsbedingten Kündigung zu Gunsten des Arbeitgebers berücksichtigt werden, da wegen der negativen Prognose auf nicht absehbare Zeit mit erheblichen krankheitsbedingten Ausfällen und Entgeltfortzahlungskosten zu rechnen ist.[85] Bei einer krankheitsbedingten Kündigung, also auch derjenigen wegen krankhafter Sucht, sind im Rahmen der Interessenabwägung die Schwerbehinderung und die Unterhaltspflichten des Arbeitnehmers mit zu berücksichtigen.[86]

6.3. Alter und Rentenalter

Alter kein Kündigungsgrund

Das Alter des Arbeitnehmers rechtfertigt alleine keine personenbedingte Kündigung. Insbesondere ist die Erreichung der Regelaltersgrenze kein in der Person des Arbeitnehmers liegender Kündigungsgrund.[87] Ebenso wenig stellt die Möglichkeit des Arbeitnehmers, Altersrente oder Altersteilzeit in Anspruch zu nehmen, allein einen zur Kündigung berechtigenden Grund dar. Nur wenn eine deutliche ***altersbedingte Minderung der Leistungsfähigkeit*** in qualitativer oder quantitativer Hinsicht im Verhältnis zu vergleichbaren Arbeitnehmern objektiv feststellbar eintritt und dies zu erheblichen Beeinträchtigungen der betrieblichen Interessen führt, kann eine Kündigung sozial gerechtfertigt sein. Nicht ausreichend ist jedoch der normale altersbedingte Leistungsabfall eines Arbeitnehmers; diesen hat der Arbeitgeber hinzunehmen.[88] Bei der ***Interessenabwägung*** ist das Alter des Arbeitnehmers, insbesondere bei einer langen Betriebszugehörigkeit, zu seinen Gunsten zu berücksichtigen. Bei einem älteren Arbeitnehmer hat der Arbeitgeber unter Umständen auch längere altersbedingte Ausfallzei-

Alter kann bei Interessenabwägung zu Gunsten des Arbeitnehmers berücksichtigt werden

[85] **BAG** 17.6.1999 – 2 AZR 639/98 = NZA 1999, 1328.

[86] **BAG** 20.1.2000 – 2 AZR 378/99 = NZA 2000, 768.

[87] **BAG** 28.9.1961 – 2 AZR 428/60 = DB 1961, 1651.

[88] **BAG** 20.11.1987 – 2 AZR 284/86 = NZA 1988, 617.

ten hinzunehmen als bei einem jüngeren Arbeitnehmer. Hingegen birgt ein niedriges Lebensalter insbesondere bei ungewissem Krankheitsverlauf ein größeres Risiko ständig erneut anfallender Entgeltfortzahlungskosten, so dass dies zu Lasten des jüngeren Arbeitnehmers in die Interessenabwägung einfließen kann.

6.4. Arbeitserlaubnis

Bei der sozialen Rechtfertigung einer wegen Fehlens der Arbeitserlaubnis ausgesprochenen Kündigung ist zu unterscheiden, ob die Arbeitserlaubnis bereits ***rechtskräftig versagt*** ist oder ob das Verfahren über die Versagung der Arbeitserlaubnis noch nicht abgeschlossen ist. Ist einem ausländischen Arbeitnehmer die erforderliche Arbeitserlaubnis rechtskräftig versagt worden, so ist eine ordentliche Kündigung regelmäßig sozial gerechtfertigt, weil der Arbeitnehmer infolge des Beschäftigungsverbots zur Leistung der vertraglich geschuldeten Dienste dauernd außerstande ist.

Ist hingegen über die von dem ausländischen Abeitnehmer beantragte Arbeitserlaubnis noch nicht rechtskräftig entschieden, so ist auf Folgendes abzustellen:

Rechtskräftige Versagung der Arbeitserlaubnis kann Kündigung rechtfertigen

War für den Arbeitgeber bei objektiver Beurteilung im Zeitpunkt des Zugangs der Kündigung mit der Erteilung der Erlaubnis in absehbarer Zeit nicht zu rechnen und konnte der Arbeitsplatz für den Arbeitnehmer ohne erhebliche betriebliche Beeinträchtigungen nicht offen gehalten werden, kann eine Kündigung gerechtfertigt sein. Die Prüfung der Erfolgsaussichten für die Erteilung einer Arbeitserlaubnis ist nur unter dem Gesichtspunkt vorzunehmen, ob im Zeitpunkt der Kündigung die gegebenen Umstände offensichtlich für oder gegen die Erteilung sprechen oder die Entscheidung von einer eingehenden Wertung durch die zuständigen Behörden oder Gerichte abhängt und deshalb mit einem Verfahren von nicht absehbarer Dauer zu rechnen ist.[89]

[89] **BAG** 7.2.1990 – 2 AZR 359/89 = NZA 1991, 341.

Beschäftigungsverbot kann Kündigung rechtfertigen

6.5. Beschäftigungsverbot

Fehlt einem Arbeitnehmer eine zur Ausübung des Berufes notwendige (behördliche) Erlaubnis, verliert er diese während des Arbeitsverhältnisses oder steht seiner Beschäftigung ein Beschäftigungshindernis entgegen, folgt hieraus für den Arbeitgeber regelmäßig ein gesetzliches Verbot diese Arbeitnehmer auf dem vereinbarten Arbeitsplatz zu beschäftigen.

Beispiele:

- *Fehlendes Gesundheitszeugnis,*
- *fehlende Arbeitserlaubnis (siehe Stichwort Arbeitserlaubnis Kap. 6.4),*
- *Beschäftigungsverbot einer Altenpflegehelferin durch Heimaufsicht,*[90]
- *fehlende Fluglizenz (siehe Stichwort Fluglizenz, Kap. 6.11),*
- *fehlender Führerschein (siehe Stichwort Fahrerlaubnis und Führerschein, Kap. 6.10),*
- *unzulässige Sonntagsarbeit wegen Verstoßes gegen § 11 Abs. 3 ArbZG – Gewährung eines Ersatzruhetages – eines ausschließlich sonntags beschäftigten Arbeitnehmers, der an allen übrigen Tagen in einem anderen Arbeitsverhältnis arbeitet.*[91]

Besteht keine anderweitige Beschäftigungsmöglichkeit für den Arbeitnehmer, liegt regelmäßig ein personenbedingter Kündigungsgrund vor, da dem Arbeitnehmer die notwendige Eignung zur Ausübung der vertraglich vereinbarten Arbeitsleistung fehlt. Gleiches gilt bei dem Verlust polizeilicher Befugnisse,[92] so etwa zur Tätigkeit als Wachmann oder Flugleiter.

Ähnlich ist der Fall zu beurteilen, dass ein in einer Forschungseinrichtung als studentische Hilfskraft eingestellter Arbeitnehmer keinem Studium mehr nachgeht. Auch dies rechtfertigt in der Regel die personen-

---

90 **LAG** Köln – 9.6.2016 – 7 Sa 1008/15, juris.

91 **BAG** 24.2.2005 – 2 AZR 211/04 = NZA 2005 = 759.

92 **BAG** 18.3.1981 – 5 AZR 1096/78; **BAG** 28.9.1983 – 7 AZR 85/82, nv. (juris).

bedingte Kündigung des Arbeitsverhältnisses.[93] Kein personenbedingter Kündigungsgrund liegt hingegen vor, wenn ein im Bodendienst eines Flughafens tätiger Student auf Grund seiner überlangen Studiendauer von den Sozialversicherungsträgern nicht mehr als sozialversicherungsfrei angesehen wird.[94] Ebenso wenig stellt das Ende der Beurlaubung eines Bundesbeamten einen personenbedingten Kündigungsgrund dar.[95]

6.6. Druckkündigung

Druckkündigung wegen fehlender fachlicher oder persönlicher Eignung

Eine Druckkündigung liegt vor, wenn der Arbeitgeber einem Arbeitnehmer kündigt, weil auf den Arbeitgeber durch Dritte in der Weise Druck ausgeübt wird, dass er seiner Entschlussfreiheit weitgehend beraubt wird. Einen derartigen Druck können die Belegschaft, der Betriebs- oder Personalrat oder auch Geschäftspartner verursachen, wenn sie etwa als Kunden mit dem Abbruch von Geschäftsbeziehungen oder als Arbeitnehmer mit dem Ausspruch von Eigenkündigungen drohen.[96] Eine solche Druckkündigung kommt in Betracht, wenn das Entlassungsbegehren durch einen personenbedingten Grund, den der betroffene Arbeitnehmer setzt, gerechtfertigt ist. Dies kann der Fall sein, wenn der Druck wegen fehlender fachlicher oder persönlicher Eignung des Arbeitnehmers ausgeübt wird, so wegen fehlender Führungsqualität.[97]

Arbeitgeber muss vor Kündigung alle Möglichkeiten ergreifen, um dem Druck entgegenzuwirken

Fehlt es jedoch in Wirklichkeit an einem Kündigungsgrund, darf der Arbeitgeber den auf ihn ausgeübten Druck nicht zum Ausspruch einer Kündigung nutzen, ohne zuvor alle Möglichkeiten ergriffen zu haben, um dem Druck entgegenzuwirken und den drohenden Schaden zu vermeiden. Er hat etwa zu prüfen, ob dem Druck durch Aufklärung der den Druck ausübenden Personen oder durch Umsetzung der betroffenen Arbeitnehmer begegnet werden kann. Erst wenn er dem

93 **BAG** 18.9.2008 – 2 AZR 976/06 = NZA 2009, 425.

94 **BAG** 18.1.2007 – 2 AZR 731/05 = NZA 2007, 680.

95 **BAG** 21.4.2016 - 2 AZR 609/15.

96 **BAG** 19.7.2016 – 2 AZR 637/15 = NZA 2017, 116.

97 **BAG** 18.7.2013 – 6 AZR 420/12 = NZA 2014, 109.

ausgeübten Druck trotz intensiver Bemühungen nicht mehr mit rechtlichen Mitteln begegnen kann und die Kündigung das praktisch einzige in Betracht kommende Mittel ist, um den Schaden abzuwenden, kann der Arbeitgeber kündigen.[98] Auf eine Drucksituation, die der Arbeitgeber durch eigenes, ihm vorwerfbares Verhalten herbeigeführt hat, kann er sich nicht berufen.[99]

Druckkündigung nur letztes Mittel

6.7. Eheschließung und Ehescheidung

Ehe und Familie stehen unter besonderem staatlichen Schutz

Sog. ***Zölibatsklauseln*** sind in der Regel wegen Verstoßes gegen Artikel 6 Abs. 1 GG unwirksam, wonach Ehe und Familie unter den besonderen Schutz der staatlichen Ordnung gestellt sind. Außerdem beeinträchtigt eine Eheschließung und auch eine Ehescheidung an sich das Arbeitsverhältnis nicht.[100] Besonderheiten gelten für den kirchlichen Bereich (siehe Stichwort Recht der Kirche auf Selbstbestimmung, Kap. 6.14.1).

Zerrüttete Ehe muss keine Auswirkung auf Arbeitsverhältnis haben

Liegt ein ***Arbeitsverhältnisses zwischen Ehegatten*** vor, kann im Zusammenhang mit dem Scheitern einer Ehe das für die Fortsetzung des Arbeitsverhältnisses notwendige Vertrauen zerstört sein. Je nach den Umständen des Einzelfalls können daraus Gründe im Verhalten oder in der Person des Arbeitnehmers erwachsen, die eine verhaltensbedingte oder personenbedingte Kündigung sozial rechtfertigen. Allerdings muss eine zerrüttete Ehe nicht in jedem Fall Auswirkungen auf das Arbeitsverhältnis zwischen den Eheleuten oder das Arbeitsverhältnis zwischen einem Ehegatten und dem Unternehmen haben, in dem der andere Ehegatte Arbeitgeberfunktionen wahrnimmt. Ohne konkrete nachteilige Auswirkungen auf das Arbeitsverhältnis ist die Zerrüttung bzw. das Scheitern der Ehe für die Frage der sozialen Rechtfertigung der Kündigung ohne Belang.[101]

Auswirkung auf Arbeitsverhältnis erforderlich

Nur wenn sich die ehelichen Auseinandersetzungen nach den tatsächlichen Umständen des Einzelfalls

[98] **BAG** 15.12.2015 – 2 AZR 431/15 = NZA 2017, 500.

[99] **BAG** 26.1.1962 – AZR 244/61 = DB 1962, 744; **LAG Rh.-Pf.** 18.2.2008 – 5 Sa 381/07 (juris).

[100] **BAG** 10.5.1957 – 1 AZR 249/56 = DB 1957, 993.

[101] **BAG** 9.2.1995 – 2 AZR 389/94 = NZA 1996 = 249.

dergestalt auf das Arbeitsverhältnis auswirken, dass der Arbeitgeber nachvollziehbare Gründe zu der Annahme hat, der Arbeitnehmer werde seine arbeitsvertraglichen Pflichten nicht mit der geschuldeten Sorgfalt und Loyalität erfüllen, oder es werde im Arbeitsverhältnis zu einer Fortsetzung der ehelichen Streitigkeiten und damit zu einer Störung des Betriebsfriedens kommen, kann eine Kündigung sozial gerechtfertigt sein.

6.8. Ehrenamt und Nebentätigkeit

Bei Nebentätigkeit konkrete Störung erforderlich

Die Ausübung eines Ehrenamtes oder einer Nebentätigkeit durch den Arbeitnehmer kann einen personenbedingten Kündigungsgrund allenfalls dann bilden, wenn sich eine solche Tätigkeit durch konkret feststellbare Störungen negativ auf das Arbeitsverhältnis, insbesondere die darauf beruhenden *Loyalitätspflichten* in der Weise auswirkt, dass die persönliche Eignung des Arbeitnehmers zur Vertragserfüllung zweifelhaft wird.

6.9. Erwerbs- und Berufsunfähigkeit

Bei Erwerbs- und Berufsunfähigkeit: Auf konkrete Eignung des Arbeitnehmers abstellen

Die nur befristete Gewährung einer Erwerbsunfähigkeitsrente und das aus diesem Grund in einigen Tarifverträgen vorgesehene Ruhen des Arbeitsverhältnisses schließt eine Kündigung wegen dauerhafter Arbeitsunfähigkeit des Arbeitnehmers nicht aus.[102] Allerdings ist auch im Falle der vollen Erwerbsunfähigkeit nicht notwendigerweise von einer das Arbeitsverhältnis beeinträchtigenden Arbeitsunfähigkeit auszugehen, sondern es ist auf die im konkreten Arbeitsverhältnis bestehenden tatsächlichen Arbeitspflichten abzustellen und die Eignung des Arbeitnehmers, diese zu erfüllen.

Gemäß § 43 Abs. 2 SGB VI kann eine volle Erwerbsminderung bereits dann vorliegen, wenn der Arbeitnehmer nicht mindestens drei Stunden täglich unter üblichen Bedingungen des Arbeitsmarktes erwerbstätig sein kann, was etwa eine Tätigkeit in geringem Stunden-

[102] **BAG** 9.9.2010 – 2 AZR 493/09 = DB 2011, 62.

umfang nicht ausschließt. Die teilweise oder volle Erwerbsminderung kann danach den personenbedingten Kündigungsgrund nicht alleine begründen, sondern nur die tatsächliche krankheitsbedingte Leistungsminderung des Arbeitnehmers und die sich daraus für das Arbeitsverhältnis ergebenden konkreten negativen Folgen. Damit sind die Grundsätze der krankheitsbedingten Kündigung anzuwenden (siehe Stichwort Krankheit, Kap. 6.15).

6.10. Fahrerlaubnis und Führerschein

Verlust der Fahrerlaubnis kann Kündigung rechtfertigen

Gehört zu den Hauptleistungspflichten eines Arbeitnehmers auch das Führen eins Kraftfahrzeugs, kann der Entzug der Fahrerlaubnis eine personenbedingte Kündigung begründen und sogar einen wichtigen Grund zur außerordentlichen Kündigung darstellen.[103] Dies gilt in der Regel nicht für ein einmonatiges Fahrverbot.[104] Der Verlust des Führerscheins führt zu einem Beschäftigungsverbot, das den Arbeitgeber hindert, den Arbeitnehmer weiter als Kraftfahrer einzusetzen. Trifft ein Arbeitgeber die Entscheidung, auch als Beifahrer nur solche Arbeitnehmer einzusetzen, die über eine notwendige Fahrerlaubnis verfügen, kann der Verlust des Führerscheins oder der Fahrerlaubnis auch bei einem als Beifahrer beschäftigten Arbeitnehmer die personenbedingte Kündigung rechtfertigen, da dies eine organisatorische Unternehmerentscheidung darstellt, die im Hinblick auf die hierfür angeführten Gründe (Einhaltung der Lenkzeiten bei längeren Touren, Möglichkeit jederzeitiger Übernahme des Steuers durch den Beifahrer bei Ausfall des Fahrers) weder als offenbar unvernünftig noch willkürlich anzusehen ist und deshalb von den Gerichten nicht überprüft werden kann.[105] Der Verlust einer Betriebsfahrberechtigung, das heißt einer betrieblichen Fahrerlaubnis, die nach von dem Arbeitgeber selbst aufgestellten Regeln zusätzlich zu dem erforderlichen Führerschein erteilt wird und wieder entzogen

[103] **BAG** 5.6.2008 – 2 AZR 984/06 = DB 2009, 123.

[104] **LAG M.-V.** 16.8.2011 – 5 Sa 295/10 (juris).

[105] **BAG** 16.8.1990 – 2 AZR 182/90 (juris).

werden kann, kann in seinen kündigungsrechtlichen Folgen grundsätzlich nicht dem Verlust einer behördlich vorgeschriebenen Fahrerlaubnis gleichgestellt werden. Würde man dies tun, so hätte es der Arbeitgeber weitgehend in der Hand, selbst Kündigungsgründe zu schaffen, was der Unabdingbarkeit des gesetzlichen Kündigungsschutzes zuwiderliefe.[106] Der Entzug einer innerbetrieblichen Fahrerlaubnis kann daher allenfalls dann eine personenbedingte Kündigung rechtfertigen, wenn für die Voraussetzungen des Entzugs klare und nachvollziehbare Rechtsgrundlagen gegeben sind.[107]

6.11. Fluglizenz

Verlust Fluglizenz kann Kündigung rechtfertigen

Hat ein Arbeitnehmer durch eine nicht bestandene Prüfung die für die Ausübung seiner Tätigkeit erforderliche Lizenz verloren, so ist dieser Umstand an sich geeignet, eine personenbedingte Kündigung zu rechtfertigen, da dem Arbeitnehmer dadurch das Erbringen seiner vertraglich geschuldeten Arbeitsleistung rechtlich unmöglich wird. Dies setzt voraus, dass im Zeitpunkt des Zugangs der Kündigung weder mit der Erneuerung der Erlaubnis in absehbarer Zeit zu rechnen, noch eine Weiterbeschäftigung zu geänderten Arbeitsbedingungen möglich ist.[108] Vor Ausspruch einer Kündigung muss der Arbeitgeber dem Arbeitnehmer Gelegenheit geben, die Prüfung zu wiederholen, wenn mit deren Bestehen durch den Arbeitnehmer in absehbarer Zeit zu rechnen ist. Er hat den Arbeitnehmer sogar auf diese Möglichkeit zu verweisen. Andernfalls läuft der Arbeitgeber Gefahr, dass die Kündigung nicht als mildestes Mittel (ultima ratio) der möglichen Reaktionen des Arbeitgebers auf das Nichtbestehen der Prüfung zu bewerten ist.[109] Es gelten die Grundsätze über die abgestufte Darlegungs- und Beweislast bei Entschuldigungs- und Rechtfertigungsvorbringen des Arbeitnehmers. Bringt der Arbeitnehmer durch Benennung konkreter Anhaltspunkte vor, die

[106] **BAG** 25.4.1996 – 2 AZR 74/95 = NZA 1996, 1201.

[107] **BAG** 5.6.2008 – 2 AZR 984/06 = DB 2009, 123.

[108] **BAG** 31.1.1996 – 2 AZR 68/95 = NZA 1996, 819.

[109] **BAG** 7.12.2000 – 2 AZR 459/99 = NZA 2001, 1304.

Nichtverlängerung der Verkehrsflugzeugführerlizenz sei auf überspannte Checkanforderungen zurückzuführen und nicht durch fliegerische Leistungsmängel verursacht, hat der Arbeitgeber diese Behauptung zu widerlegen.[110] Dies spielt insbesondere bei internen Prüfungen des Arbeitgebers eine Rolle, ist aber weniger von Bedeutung, wenn es sich um amtliche, vom Arbeitgeber in ihren Inhalten nicht zu beeinflussende Prüfungen handelt.

6.12. Geschäfts- und Betriebsgeheimnisse

Kündigung wegen persönlicher Beziehung zu Konkurrenzunternehmen nur bei konkreten Anhaltspunkten für fehlende Eignung

Der Verrat von Geschäfts- oder Betriebsgeheimnissen stellt einen Fall der verhaltensbedingten Kündigung dar. Allerdings kann bei Bekleidung einer Vertrauensposition, wie bei sonstigen Sicherheitsbedenken (siehe Stichwort Sicherheitsbedenken, Kap. 6.23), eine personenbedingte Kündigung in Betracht kommen, wenn konkrete Anhaltspunkte für eine fehlende Eignung und darauf beruhende Störungen des Arbeitsverhältnisses vorliegen, etwa aufgrund persönlicher Beziehungen zu einer dritten Person oder einem Konkurrenzunternehmen.

6.13. Gewissenskonflikt

Beachtlicher Gewissenskonflikt nur bei nicht zu erwartender Arbeitspflicht

Subjektive Leistungsmängel des Arbeitnehmers können dadurch verursacht werden, dass er sich aus einer ernsthaften Gewissensentscheidung heraus nicht in der Lage sieht, die von ihm geforderte Arbeitsleistung zu erbringen. Maßgebend ist der so genannte subjektive Gewissensbegriff.[111] Der Arbeitnehmer muss dabei seinen Gewissenskonflikt konkret darlegen. Ein vom Arbeitgeber hinzunehmender Gewissenskonflikt liegt allerdings nur vor, wenn vom Arbeitnehmer eine nach dem Arbeitsvertrag und den betrieblichen Besonderheiten

---

[110] **BAG** 31.1.1996 – 2 AZR 68/95 = NZA 1996, 819.

[111] **BAG** 22.5.2003 – 2 AZR 426/02 = NZA 2004, 399.

an sich nicht zu erwartende Arbeitsleistung verlangt wird. Ein beachtlicher Gewissenskonflikt liegt also nicht vor, wenn der Arbeitnehmer bereits bei Abschluss des Arbeitsvertrages mit der Übertragung der geforderten Arbeitsaufgaben rechnen musste und der Arbeitgeber aus betrieblichen Erfordernissen darauf bestehen muss, dass gerade der sich auf den Gewissenskonflikt berufende Arbeitnehmer den Auftrag ausführt.[112]

Beispiel:

- *In dem durch das Bundesarbeitsgericht[113] entschiedenen Ausgangsfall unterlag der Arbeitnehmer als Angehöriger einer Sinti-Familie einem Reinheitsgebot, das aus kulturellen und religiösen Gründen die Ausübung verschiedener Tätigkeiten, so der eines Bestattungsgehilfen, ausschloss. Im Vorstellungsgespräch hatte der Arbeitgeber den Arbeitnehmer jedoch darauf hingewiesen, dass die angebotene Tätigkeit Arbeiten im Bestattungsbereich bis hin zur Umbettung voraussetze und dass von dem Arbeitnehmer erwartet werde, dass er diese Tätigkeiten im Vertretungsfall und als Aushilfe verrichte. Da der Arbeitnehmer sich im Vorstellungsgespräch damit einverstanden erklärt hatte, war er im vorliegenden Fall trotz des von ihm offenbarten Gewissenskonfliktes verpflichtet, die Bestattungsarbeiten auszuführen und verletzte seine Pflicht zur vertraglich geschuldeten Arbeitsleistung, indem er die Tätigkeiten ablehnte.*

Bei unberechtigter Arbeitsverweigerung verhaltensbedingte Kündigung möglich

Im Falle der unberechtigten Arbeitsverweigerung aufgrund von Gewissensnot kommt eine verhaltensbedingte Kündigung wegen einer Vertragspflichtverletzung in Betracht. Ein zu respektierender Gewissenskonflikt berechtigt zur Leistungsverweigerung, so dass der Arbeitgeber die unzumutbare Tätigkeit nicht verlangen darf. Bestehen keine anderweitigen Beschäftigungsmöglichkeiten für den Arbeitnehmer, kann hieraus ein personenbedingter Kündigungsgrund entstehen.[114] In die Interessenabwägung einer wegen eines zu re-

---

112 **BAG** 22.5.2003 – 2 AZR 426/02 = NZA 2004, 399.

113 **BAG** 22.5.2003 – 2 AZR 426/02 = NZA 2004, 399.

114 **BAG** 24.2.2011 – 2 AZR 636/09 = DB 2011, 2094.

spektierenden Gewissenskonflikts ausgesprochenen personenbedingten Kündigung ist die Glaubens-, Gewissens- und Bekenntnisfreiheit des Arbeitnehmers nach Art. 4 Abs. 1 und Abs. 2 GG einzubeziehen.[115]

6.14. Kirche und Religionsausübung

6.14.1. Recht der Kirche auf Selbstbestimmung

Recht der Kirche auf Selbstbestimmung und Selbstordnung ist zu respektieren

Das verfassungsrechtlich (Art. 140 GG in Verbindung mit Art. 137 Abs. 3 WRV) garantierte Recht der Kirche und sonstiger Religionsgemeinschaften auf Selbstbestimmung und Selbstordnung ist bei der Prüfung der sozialen Rechtfertigung der Kündigung eines ihrer Arbeitnehmer zu berücksichtigen. Welche kirchlichen Grundverpflichtungen als Gegenstand des Arbeitsverhältnisses bedeutsam sein können, richtet sich nach den von der verfassten Kirche anerkannten Maßstäben.

Grundsätzlich bestimmt Kirche Loyalitätspflichten

Die Arbeitsgerichte haben die vorgegebenen kirchlichen Maßstäbe für die Bewertung vertraglicher Loyalitätspflichten zugrunde zu legen, soweit die Verfassung das Recht der Kirchen anerkennt, hierüber selbst zu befinden. Es bleibt danach grundsätzlich den Kirchen überlassen, verbindlich zu bestimmen, was die Glaubwürdigkeit der Kirche und ihrer Verkündigung erfordert, was spezifisch kirchliche Aufgaben sind, was Nähe zu ihnen bedeutet, welches die wesentlichen Grundsätze der Glaubenslehre und Sittenlehre sind und was als – gegebenenfalls schwerer – Verstoß gegen diese anzusehen ist. Auch die Entscheidung darüber, ob und wie innerhalb der im kirchlichen Dienst tätigen Mitarbeiter eine Abstufung von Loyalitätspflichten eingreifen soll, ist grundsätzlich eine dem kirchlichen Selbstbestimmungsrecht unterliegende Angelegenheit.[116]

[115] **BAG** 21.2.2001 – 2 AZR 139/00 = NZA 2001, 1136; BVerfG 7.3.2002 – 1 BvR 1962/01 = NZA 2002, 609; **LAG Hamm**, 8.11.2007 – 15 Sa 271/07 (juris).

[116] **BVerfG** 22.10.2014 – 2 BvR 661/12 = NZA 2014, 1387.

Liegt danach eine Verletzung von Loyalitätspflichten vor, so ist die weitere Frage, ob sie eine Kündigung des kirchlichen Arbeitsverhältnisses sachlich rechtfertigt, nach §§ 1 KSchG, 626 BGB zu beantworten.

Beispiele:

- *Der Entzug der kanonischen Beauftragung ist wegen der daraus resultierenden Unmöglichkeit der Leistungserbringung als Gemeindereferentin an sich geeignet, eine personenbedingte Kündigung zu rechtfertigen.*[117]
- *Die erneute Heirat eines Chefarztes in einem katholischen Krankenhaus ist nicht geeignet, eine ordentliche Kündigung zu rechtfertigen.*[118]
- *Der Austritt eines im verkündungsnahen Bereich eingesetzten Mitarbeiters aus der katholischen Kirche kann die – ggf. außerordentliche – Kündigung des Arbeitsverhältnisses rechtfertigen.*[119]

Kirchenaustritt kann Kündigung rechtfertigen

6.14.2. Freie Religionsausübung

Ein Arbeitnehmer verzichtet mit Abschluss des Arbeitsvertrages nicht auf sein verfassungsrechtlich in Art. 4 Abs. 1 und 2 GG gesichertes Grundrecht auf Religionsausübung.

Beispiele:

Tragen von Kopftuch durch Verkäuferin ist hinzunehmen

- *Zwar kann ein Arbeitnehmer aufgrund von fundamentalen, unüberwindbaren Glaubenshindernissen die Fähigkeit oder Eignung verlieren, die vertraglich geschuldete Arbeitsleistung überhaupt zu erbringen. Dies ist bei einer ein Kopftuch tragenden Verkäuferin in einem Warenhaus jedoch nicht ohne weiteres anzunehmen.*[120] *Diese ist in der Lage, ihre vertraglich geschuldete Arbeitsleistung als Verkäuferin auch dann noch zu erfüllen, wenn sie bei ihrer Tätigkeit ein Kopf-*

---

117 **BAG** 10.4.2014 – 2 AZR 812/12.

118 **BAG** 20.2.2019 – 2 AZR 746/14.

119 **LAG Hamm** 24.9.2020 – 18 Sa 210/20, nachgehend **BAG,** 21.7.2022 – 2 AZR 130/21 (A), Vorlagebeschluss (EuGH)

120 **BAG** 10.10.2002 – 2 AZR 472/01 = NZA 2003, 483.

tuch trägt. Hierdurch wird weder ein von der Klägerin zu führendes Verkaufsgespräch unmöglich gemacht noch ein von ihr betreuter Verkaufsvorgang so behindert, dass nicht mehr von einer branchenüblichen Tätigkeit einer Verkäuferin einerseits oder – ohne weitere detaillierte Darlegungen durch den Arbeitgeber – von einer wirtschaftlich wertlosen Arbeitsleistung der Arbeitnehmerin oder einer den Arbeitgeber sogar schädigenden Tätigkeit andererseits gesprochen werden kann.[121]

- *Das Tragen eines Kopftuchs als Symbol der Zugehörigkeit zum islamischen Glauben und damit als Kundgabe einer anderen Religionszugehörigkeit ist regelmäßig mit der arbeitsvertraglichen Verpflichtung einer in einer Einrichtung der Evangelischen Kirche tätigen Arbeitnehmerin zu einem zumindest neutralen Verhalten gegenüber der Evangelischen Kirche nicht in Einklang zu bringen.*[122]

Kein Hinnehmen von Gebetspausen, wenn diese betriebliche Störungen verursachen

- *Ein Arbeitgeber ist auch nicht verpflichtet, Gebetspausen eines muslimischen Arbeitnehmers hinzunehmen, wenn hierdurch betriebliche Störungen verursacht werden.*[123] *Sofern durch die Gebetsausübung die persönliche Eignung des Arbeitnehmers zur Erbringung der geschuldeten Arbeitsleistung fehlt und hierdurch erhebliche, auch bei größtmöglicher zumutbarer Anstrengung des Arbeitgebers nicht vermeidbare Betriebsstörungen eintreten, kann eine personenbedingte Kündigung in Frage kommen.*

---

121 **BAG** 10.10.2002 – 2 AZR 472/01 = NZA 2003, 483.

122 **BAG** 24.9.2014 – 5 AZR 611/12 = NZA 2014, 1407.

123 **LAG Hamm** 18.1.2002 – 5 Sa 1782/01 = NZA 2002, 675.

6.15. Krankheit

6.15.1. Überblick – BEM

Regelwidriger physischer oder psychischer Zustand

Krankheit ist der in der betrieblichen Praxis am häufigsten vorkommende Grund für eine ***personenbedingte Kündigung*** im Sinne von § 1 Abs. 2 KSchG. Der arbeitsrechtliche ***Krankheitsbegriff*** folgt dem medizinischen. Danach ist von einer Krankheit bei einem ärztlich diagnostizierbaren, nach außen tretenden, auf die Funktionstauglichkeit abgestellten, behandlungsbedürftigen Körper-, Geistes- oder Seelenzustand auszugehen, der in der Regel durch eine ärztliche Behandlung behoben, erträglicher gemacht oder in seinen Folgen gelindert oder vor drohender Verschlimmerung bewahrt werden kann, ohne dass er heilbar sein muss.[124] Fehlt dem Gericht die notwendige Fachkenntnis, ob ein bestimmtes Leiden die ungestörte Erfüllung der geschuldeten Arbeitsleistung zur Folge hat, muss das Gutachten eines Arbeitsmediziners eingeholt werden.[125]

Drei Fallgruppen:
– häufige Kurzerkrankung
– lang anhaltende oder dauernde Erkrankung
– krankheitsbedingte Minderung der Leistungsfähigkeit

Systematisch betrachtet sind drei Fallgruppen einer krankheitsbedingten Kündigung zu unterscheiden: Die auf Krankheit beruhende personenbedingte Kündigung kann wegen ***häufiger Kurzerkrankungen***, wegen ***lang anhaltender*** oder ***dauernder Erkrankung*** oder auch wegen ***krankheitsbedingter Minderung der Leistungsfähigkeit*** gerechtfertigt sein, wenn diese zu einer erheblichen Beeinträchtigung betrieblicher Interessen führen und die Interessenabwägung ergibt, dass die (auch) zukünftig zu erwartenden Störungen dem Arbeitgeber nicht weiter zumutbar sind. Zu allen Fallgruppen ist – wie bei jeder personenbedingten Kündigung (siehe Kap. 5.2) – eine *dreistufige Überprüfung* der Kündigung vorzunehmen.

Negative Auswirkung auf Arbeitsleistung

Die Erkrankung als solche stellt keinen Kündigungsgrund dar. Nur wenn sich ein Krankheitszustand auf die vertraglich zu erbringende Arbeitsleistung negativ auswirkt und zu erwarten ist, dass sich dies in absehbarer Zeit nicht ändern wird.

[124] **ErfK/Oetker**, § 1 KSchG, Rz. 112.

[125] **BAG** 28.2.1990 – 2 AZR 401/89 = NZA 1990, 727.

Dreistufige Überprüfung

Liegen erhebliche Fehlzeiten in der Vergangenheit vor (***1. Stufe: Negative Gesundheitsprognose***), kann dies zur Grundlage einer krankheitsbedingten Kündigung werden. Wie bei jeder personenbedingten Kündigung ist zweite Voraussetzung, dass die für die Zukunft prognostizierten Fehlzeiten oder die zu erwartenden sonstigen Störungen zu einer erheblichen Beeinträchtigung der betrieblichen Interessen führen (***2. Stufe***). Im Anschluss hieran ist im Rahmen einer umfassenden Interessenabwägung (***3. Stufe***) zu prüfen, ob die durch die Krankheit des Arbeitnehmers verursachten festgestellten erheblichen Beeinträchtigungen betrieblicher Belange zu einer dem Arbeitgeber billigerweise nicht mehr zumutbaren betrieblichen und wirtschaftlichen Belastung führen,[126] die nicht durch weitere zumutbare Überbrückungsmaßnahmen vermieden werden kann.

Keine festen Grenzwerte krankheitsbedingter Ausfalltage

Es gibt keine ***festen Grenzwerte*** krankheitsbedingter Ausfalltage oder aufzuwendender Entgeltfortzahlungskosten, mit denen eine Kündigung allein begründet werden kann.[127] Vielmehr sind immer die ***Besonderheiten des Einzelfalls*** maßgeblich. Soweit keine anders lautenden tariflichen Normen auf das Arbeitsverhältnis Anwendung finden, die eine Kündigung des Arbeitsverhältnisses während einer Erkrankung verbieten, hindert eine Erkrankung weder den Ausspruch einer Kündigung noch hat sie Einfluss auf den Lauf der Kündigungsfrist.

Keine vorprozessuale Informations- oder Erkundigungspflicht

Grundsätzlich gibt es vorprozessual weder eine Informationspflicht des Arbeitnehmers[128] noch eine ***Erkundigungspflicht*** des Arbeitgebers[129] über Art und Verlauf der Krankheit sowie Genesungsfortschritte. Jedoch gebietet ***§ 167 Abs. 2 SGB IX*** nicht nur bei schwerbehinderten Arbeitnehmern[130] ein ***betriebliches Eingliederungsmanagement (BEM)***.[131]

---

[126] **BAG** 29.7.1993 – 2 AZR 155/93 = NZA 1994, 67.

[127] **BAG** 6.9.1989 – 2 AZR 224/89 = NZA 1990, 434; **LAG Rh.-Pf.** 13.2.2009 – 9 Sa 676/08, nv. (juris).

[128] **BAG** 12.4.2002 – 2 AZR 148/01 = NZA 2002, 1081.

[129] **BAG** 25.11.1982 – 2 AZR 140/81 = DB 1983, 1047.

[130] **LAG Nds.** 29.3.2005 – 1 Sa 1429/04 = AuA 2005, 433; a.A. **Namendorf/Natzel** = DB 2005, 1794.

[131] Weiterführend **Beseler**, Betriebliches Eingliederungsmanagement, Rieder Verlag Münster; **Althoff, Frobel, Klaesberg, Tinnefeld, de Wall-Kaplan**, BEM von A–Z – ein Praxishandbuch, Rieder Verlag Münster.

Das BEM ist durchzuführen, wenn Beschäftigte – unabhängig von den Ursachen[132] – innerhalb eines Jahres länger als sechs Wochen ununterbrochen oder wiederholt arbeitsunfähig sind. Der Arbeitgeber hat grundsätzlich ein neuerliches BEM durchzuführen, wenn ein Arbeitnehmer nach Abschluss eines BEM innerhalb eine Jahres erneut länger als sechs Wochen durchgängig oder wiederholt arbeitsunfähig erkrankt war.[133] Unter Einbindung des Betriebsrates, bei schwerbehinderten Menschen auch der Schwerbehindertenvertretung, sind mit Zustimmung des betroffenen Arbeitnehmers die Möglichkeiten zu klären, wie die Arbeitsunfähigkeit möglichst überwunden werden und mit welchen Leistungen oder Hilfen erneuter Arbeitsunfähigkeit vorgebeugt und der Arbeitsplatz erhalten werden kann. Seit dem 10.6.2021 können Arbeitnehmer gemäß § 167 Abs. 2 S. 2 SGB IX zusätzlich eine Vertrauensperson eigner Wahl hinzuziehen. Ein BEM genügt den gesetzlichen Mindestanforderungen, wenn es die zu beteiligenden Stellen, Ämter und Personen einbezieht, keine vernünftigerweise in Betracht zu ziehende Anpassungs- und Änderungsmöglichkeit ausschließt und die von den Teilnehmern eingebrachten Vorschläge sachlich erörtert werden.[134] Außerdem muss das BEM ordnungsgemäß angeboten werden. Anzuraten ist zum Zwecke der Dokumentation eine schriftliche Einladung, in der auf die Ziele des BEM als freiwilliges Verfahren hinzuweisen ist. Außerdem verlangt ***§ 167 Abs. 2 S. 3 SGB IX***, dass ein Hinweis zu Datenerhebung und Datenverwendung erfolgt.[135] Ausdrücklich verlangt das BAG die Information, welche Krankheitsdaten erhoben und gespeichert und inwieweit und für welche Zwecke sie dem Arbeitgeber zugänglich gemacht werden. Nur bei entsprechender Unterrichtung kann vom Versuch der ordnungsgemäßen Durchführung des BEM die Rede sein.[136] Hat das BEM zu einem positiven Ergebnis geführt, ist der Arbeitgeber grundsätzlich verpflichtet, die empfohlene Maßnah-

Kenntnisse durch betriebliches Eingliederungsmanagement (BEM)

---

132 **Beck**, Betriebliches Eingliederungsmanagement, NZA 2017, 81.

133 **BAG** 18.11.2021 – 2 AZR 138/21

134 **BAG** 10.12.2009 – 2 AZR 400/08 = NZA 2010, 398.

135 **Vossen**, Das ordnungsgemäße Angebot eines Betrieblichen Eingliederungsmanagements, Der Betrieb 2016, 1814.

136 **BAG** 20.11.2014 – 2 AZR 755/13 - NZA 2015, 612.

me – soweit dies in seiner alleinigen Macht steht – vor Ausspruch einer krankheitsbedingten Kündigung umzusetzen.[137] Wie das BAG klargestellt hat,[138] stellt die Einhaltung des BEM auch gegenüber Schwerbehinderten keine formelle Wirksamkeitsvoraussetzung für Kündigungen dar. Verspricht es von vornherein keinen Erfolg, so braucht es nicht durchgeführt zu werden. Der Arbeitgeber muss jedoch zur Darlegung, dass ein BEM kein positives Ergebnis gebracht hätte, aufzeigen, warum Maßnahmen zur kurativen Behandlung und/oder der medizinischen Rehabilitation iSv. ***§ 42 SGB IX*** – zu denen im Übrigen nach Abs. 2 Nr. 1 der Vorschrift auch die „Anleitung, eigene Heilungskräfte zu entwickeln" zählt – nicht in Betracht gekommen wären oder doch zu einer erheblichen Verringerung der Fehlzeiten nicht hätten beitragen können.[139] Dies wird in der Regel kaum möglich sein.

Ohne BEM für Arbeitgeber erhöhte Darlegungslast im Prozess

Beurteilungszeitpunkt: Zugang der Kündigung

Auch bei der krankheitsbedingten Kündigung ist ***maßgeblicher Beurteilungszeitpunkt*** für deren Rechtmäßigkeit der ***Zeitpunkt des Zugangs der Kündigung***.[140] Beurteilungsgrundlage sind danach die zu diesem Zeitpunkt herrschenden objektiven Verhältnisse. Eine etwaige Prognosekorrektur oder -bestätigung kann in die Prüfung nur insoweit einbezogen werden, als sie auf Umständen beruht, die bereits zum Kündigungszeitpunkt objektiv vorlagen oder angelegt waren. Nachträglich eintretende Umstände, insbes. solche, die einen neuen Geschehensablauf in der Entwicklung der Erkrankung des Arbeitnehmers in Gang setzen, sind danach in die Prüfung nicht einzubeziehen. Unerheblich ist deshalb, ob der neue Geschehensablauf durch vom Arbeitnehmer beeinflussbare Umstände ausgelöst wurde (wie zum Beispiel die Durchführung einer vom Arbeitnehmer zuvor abgelehnten Operation oder Therapie, eine Änderung der Lebensführung,[141] oder ob der neue Kausalverlauf durch außerhalb seines Einflussbereichs liegende Umstände eingetreten ist, so

Nachträglich eintretende Umstände unerheblich

137 **BAG** 10.12.2009 – 2 AZR 400/08 = NZA 2010, 398.

138 **BAG** 7.12.2006 – 2 AZR 182/06 = NZA 2007, 617.

139 **BAG** 20.11.2014 – 2 AZR 755/13 – NZA 2015, 612.

140 **BAG** 29.4.1999 – 2 AZR 431/98 = NZA 1999, 978.

141 **BAG** 6.9.1989 – 2 AZR 118/89 = NZA 1990, 305.

zum Beispiel die Entwicklung oder das Bekanntwerden einer neuen Heilmethode, die Anwendung eines schon bekannten, aber vom behandelnden Arzt nicht erwogenen Heilmittels.[142]

Bei der Prüfung der ***erheblichen Beeinträchtigung betrieblicher Interessen*** (2. Stufe) aufgrund der festgestellten negativen Gesundheitsprognose kommt der Unterscheidung, ob die negative Prognose auf häufigen Kurzerkrankungen, auf lang anhaltender oder dauernder Arbeitsunfähigkeit oder auf krankheitsbedingter Minderung der Leistungsfähigkeit des Arbeitnehmers beruht, wesentliche Bedeutung zu. Die jeweils hieraus folgenden betrieblichen Auswirkungen sind in der Regel unterschiedlich (siehe Kap. 6.15.2, 6.15.3 und 6.15.4). Unabhängig von einer eventuellen betrieblichen Ursache für die Erkrankung des Arbeitnehmers ist nach dem Grundsatz der Verhältnismäßigkeit zu prüfen, ob durch eine ***Umsetzung*** des Arbeitnehmers auf einen anderen freien Arbeitsplatz die betrieblichen Beeinträchtigungen vermieden werden können.[143]

Umsetzung immer zu prüfen

Eine Kündigung wegen Krankheit ist schließlich nur dann sozial gerechtfertigt, wenn die ***Interessenabwägung*** (3. Stufe) ergibt, dass der Arbeitgeber die infolge der negativen Gesundheitsprognose zu erwartenden erheblichen betrieblichen Beeinträchtigungen billigerweise nicht weiter hinzunehmen hat und weitere Überbrückungsmaßnahmen zur Erhaltung des Arbeitsplatzes des arbeitsunfähigen Arbeitnehmers nicht mehr möglich oder zumutbar sind.[144] Wie bei jeder personenbedingten Kündigung sind auch bei der krankheitsbedingten Kündigung für die Interessenabwägung die konkreten Umstände des Einzelfalls maßgeblich (siehe Kap. 5.2.3). Bei einer krankheitsbedingten Kündigung ist im Rahmen der Interessenabwägung eine besondere ***soziale Schutzbedürftigkeit*** des Arbeitnehmers mit zu berücksichtigen, etwa eine bestehende Schwerbehinderung oder auch Unterhaltspflichten des Arbeitnehmers.[145] Ein ***genesungswidriges Verhalten***

Konkrete Umstände des Einzelfalls

142 **BAG** 21.2.2001 – 2 AZR 558/99 = NZA 2001, 1071.

143 **BAG** 10.12.2009 – 2 AZR 400/08 = NZA 2010, 398.

144 **BAG** 10.12.2009 – 2 AZR 400/08 = NZA 2010, 398.

145 **BAG** 20.1.2000 – 2 AZR 378/99 = NZA 2000, 768.

Betriebliche Ursachen sind zu Gunsten des Arbeitnehmers zu berücksichtigen

des Arbeitnehmers kann ebenso wie ein eventuelles Verschulden des Arbeitnehmers an der Erkrankung oder der Herbeiführung eines Unfalls zu seinen Lasten anzurechnen sein. Eine eventuelle ***betriebliche Ursache*** der Erkrankung eines Arbeitnehmers ist bei der Interessenabwägung in der Regel zu Gunsten des Arbeitnehmers einzubeziehen.[146] Dies gilt etwa, wenn die konkreten Arbeitsplatzbedingungen die Erkrankung oder die schwindende Leistungsfähigkeit herbeigeführt haben, so bei ständigem Aufenthalt in die Gesundheit beeinträchtigender Umgebung oder jahrelanger schwerer körperlicher Arbeit. Wenn jedoch betriebliche Verhältnisse (zum Beispiel Staubluft) nicht die alleinige und primäre Ursache für krankheitsbedingte Fehlzeiten sind, sondern sich nur in Verbindung mit einer besonderen Veranlagung des Arbeitnehmers (erhöhte Reizbarkeit des Bronchialsystems) auswirken, sind sie zwar für die Interessenabwägung bei einer krankheitsbedingten Kündigung nicht unerheblich. Ob einer möglichen Mitursächlichkeit betrieblicher Verhältnisse bei einer solchen Fallgestaltung jedoch entscheidendes Gewicht beizumessen ist, hängt von den Umständen des Einzelfalls ab.[147]

Bei der Überprüfung der drei Fallgruppen der krankheitsbedingten Kündigung ergeben sich folgende Besonderheiten:

6.15.2. Kündigung wegen häufiger Kurzerkrankungen

Zu erwartende Fehlzeiten in erheblichem Umfang

(1) Negative Gesundheitsprognose bei häufigen Kurzerkrankungen (1. Stufe): Eine wegen häufiger Kurzerkrankungen ausgesprochene Kündigung bedarf zunächst der Feststellung einer negativen Gesundheitsprognose hinsichtlich der in Zukunft zu erwartenden Fehlzeiten des Arbeitnehmers. Im Zeitpunkt der Kündigung müssen objektive Tatsachen vorliegen, die die ernste Besorgnis auch ***in Zukunft auftretender weiterer Erkrankungen*** des Arbeitnehmers im bisherigen, zumin-

---

[146] **BAG** 6.9.1989 – 2 AZR 118/89 = NZA 1990, 305.

[147] **BAG** 5.7.1990 – 2 AZR 154/90 = DB 1990, 2274.

dest in erheblichem Umfang rechtfertigen.[148] Häufige Kurzerkrankungen in der Vergangenheit können für einen gleichen Krankheitsverlauf in der Zukunft sprechen, sie entfalten eine sogenannte ***Indizwirkung***. Voraussetzung ist allerdings, dass die Ursachen der bisherigen Kurzerkrankungen eine ***Wiederholungsgefahr*** in sich tragen. Auf welchen ***Zeitraum*** in der Vergangenheit abzustellen ist, lässt sich nicht generell sagen, da dies wesentlich von der bisherigen Dauer des Arbeitsverhältnisses abhängt. Bei einem von Beginn an durch häufige Erkrankungen des Arbeitnehmers gestörten Arbeitsverhältnis wird man schneller von einem repräsentativen Zeitraum ausgehen als bei einem Arbeitsverhältnis, welches zunächst über Jahre hinweg störungsfrei verlaufen ist. Häufige Kurzerkrankungen über einen längeren Zeitraum von ***etwa zwei bis drei Jahren*** werden jedoch eine sichere Gesundheitsprognose zulassen.[149]

Sichere Gesundheitsprognose

Dauer der Ausfallzeiten

Die notwendige ***Dauer der künftig zu erwartenden Ausfallzeiten*** für die soziale Rechtfertigung einer derartigen Kündigung kann ebenfalls nicht generell bestimmt werden. Ein nicht weiter zumutbares Ausmaß an Fehlzeiten hängt von den zu befürchtenden betrieblichen Beeinträchtigungen sowie der anschließend vorzunehmenden Interessenabwägung ab. Die vom Arbeitnehmer ausgeübte Position im Betrieb spielt dabei eine wesentliche Rolle.

Keine negative Prognose durch Erkrankungen ohne Wiederholungsgefahr

Bestimmten ***Ursachen für vorübergehende Fehlzeiten*** der Vergangenheit müssen bereits aufgrund ihrer Eigenart die Eignung für eine auf sie aufbauenden Gesundheitsprognose abgesprochen werden. So können einmalige Ursachen für Fehltage keine negative Zukunftsprognose rechtfertigen.[150] Hierunter fallen alle Erkrankungen, denen ihrer Natur nach oder aufgrund ihrer Entstehung ***keine*** Aussagekraft für eine ***Wiederholungsgefahr*** beizumessen ist. Dazu gehören in erster Linie Unfälle sowie sonstige offenkundig einmalige Gesundheitsschäden sowie ausgeheilte

---

[148] **BAG** 6.9.1989 – 2 AZR 19/89 = NZA 1990, 307; **BAG** 17.6.1999 – 2 AZR 639/98 = NZA 1999, 1328.

[149] **BAG** 19.5.1993 – 2 AZR 598/92 (juris).

[150] **BAG** 14.1.1993 – 2 AZR 343/92 = NZA 1994, 309.

Erkrankungen.[151] Die bisherigen krankheitsbedingten Fehlzeiten sind deshalb auf ihre einzelnen Ursachen hin zu untersuchen. Nur wenn die Arbeitsunfähigkeitszeiten auf Gründen beruhen, die auch in Zukunft erhebliche Fehlzeiten erwarten lassen, können sie eine negative Gesundheitsprognose aufgrund häufiger Kurzerkrankungen begründen. Jedoch kann aus der Häufigkeit der auf Unfällen beruhenden Fehlzeiten, besonders wenn sie auf regelmäßiger oder häufiger Sportausübung oder bestimmten anderen Freizeitaktivitäten beruhen, auch zu schließen sein, dass der Arbeitnehmer für diese Aktivitäten entweder besonders verletzungsanfällig oder bei ihrer Ausübung besonders unvorsichtig ist.[152] Wenn die bisherigen Erkrankungen vor allem auf Erkältungskrankheiten sowie auf Beschwerden des Bewegungsapparates basieren, zeugt der Umstand von einer gewissen Krankheitsanfälligkeit des Arbeitnehmers und begründet damit ebenfalls eine negative Prognose.[153]

(2) Erhebliche Beeinträchtigung betrieblicher Interessen bei häufigen Kurzerkrankungen (2. Stufe). Grundlage der Prüfung, ob häufige Kurzerkrankungen eines Arbeitnehmers zu einer erheblichen Beeinträchtigung betrieblicher Interessen führen, sind allein die im ersten Prüfschritt aufgrund der festgestellten negativen Prognose auch in Zukunft zu erwartenden Fehlzeiten des Arbeitnehmers. Als erhebliche Beeinträchtigung betrieblicher Interessen kommen entweder erhebliche Betriebsablaufstörungen, aber auch ***erhebliche Beeinträchtigungen wirtschaftlicher Interessen*** in Betracht (siehe Kap. 5.2.2).

Nur die in Zukunft zu erwartenden Fehlzeiten

Betriebsablaufstörung: keine Überschreitung 6 Wochen Entgeltfortzahlung erforderlich

Betriebsablaufstörungen: Für die Frage, ob erhebliche ***Betriebsablaufstörungen*** in Zukunft zu befürchten sind, ist nicht maßgeblich, ob der gesetzliche Mindestzeitrahmen von sechs Wochen Entgeltfortzahlungspflicht im Jahr überschritten worden ist.[154] Dieses Mindestmaß gilt nur für die wirtschaftliche Beeinträchtigung durch Entgeltfortzahlungskosten. Störungen des Betriebsablaufs

151 **BAG** 6.9.1989 – 2 AZR 19/89 = NZA 1990, 307; **BAG** 7.12.1989 – 2 AZR 225/89 = EzA Nr. 30 zu § 1 KSchG – Krankheit.

152 **BAG** 2.11.1989 – 2 AZR 335/89, nv. (juris).

153 **BAG** 10.11.2005 – 2 AZR 44/05 = DB 2006, 1504.

154 **BAG** 6.9.1989 – 2 AZR 224/89 = NZA 1990, 434.

können selbst bei jährlichen Ausfallzeiten von weniger als sechs Wochen erheblich sein.[155] Andererseits führen deutlich überdurchschnittliche Fehlzeiten eines Arbeitnehmers bei Vorhalten einer an der durchschnittlichen Fehlzeitenquote ausgerichteten ***Personalreserve*** durch den Arbeitgeber nicht notwendigerweise zu Betriebsablaufstörungen. Das Vorliegen einer Betriebsablaufstörung hängt vielmehr von der ***konkreten Situation*** ab, also ob während der jeweiligen konkreten Fehlzeiten tatsächlich Springer zur Verfügung standen und somit die Ausfälle des Arbeitnehmers überbrückt werden konnten oder ob Überbrückungsmaßnahmen nicht möglich waren. Betriebsablaufstörungen sind nämlich auch bei der krankheitsbedingten Kündigung nur dann als Kündigungsgrund geeignet, wenn sie nicht durch mögliche und zumutbare ***Überbrückungsmaßnahmen*** vermieden werden können.

Konkrete Störung entscheidend

Als Überbrückungsmaßnahme, die anlässlich des konkreten Ausfalls eines Arbeitnehmers ergriffen werden kann, kommt etwa die Neueinstellung einer (Aushilfs-) Arbeitskraft, der Einsatz eines Arbeitnehmers aus einer vorgehaltenen Personalreserve (Springer) oder die Durchführung eines betrieblichen Eingliederungsmanagements (BEM) in Betracht (siehe Stichwort Krankheit, Überblick - BEM, Kap. 6.15). Werden auf diese Weise Ausfälle tatsächlich überbrückt, so liegt bereits objektiv keine erhebliche Betriebsablaufstörung und damit kein zur Kündigung geeigneter Grund vor. Die Möglichkeit bei Kurzerkrankungen die Fehlzeiten durch die Einstellung von Aushilfskräften zu überbrücken ist allerdings gegenüber lang anhaltenden Arbeitsunfähigkeitszeiten schon von der Natur der Sache her stark eingeschränkt.[156] Denn die einzelnen (kurzen) Ausfallzeiten treten meist unerwartet auf, der Arbeitgeber kann auch oft die Dauer der Arbeitsunfähigkeit nicht annähernd übersehen, in vielen Fällen fehlt zudem die erforderliche Zeit zur Einarbeitung der Ersatzkraft.

Keine Betriebsablaufstörung, wenn Ausfälle tatsächlich überbrückt werden

---

155 **BAG** 7.12.1989 – 2 AZR 225/89 = EzA Nr. 30 zu § 1 KSchG – Krankheit.

156 **BAG** 25.4.1985 – 2 AZR 127/84 (juris); **BAG** 23.6.1983 – 2 AZR 15/82 = DB 1983, 2524.

Beeinträchtigung wirtschaftlicher Interessen durch hohe Entgeltfortzahlungskosten: Pro Jahr mehr als 6 Wochen

Erhebliche Beeinträchtigung der wirtschaftlichen Interessen des Arbeitgebers. Wie bei jeder personenbedingten Kündigung kann auch die erhebliche Beeinträchtigung der wirtschaftlichen Interessen des Arbeitgebers die Kündigung wegen häufiger Kurzerkrankungen rechtfertigen. Hierher gehören insbesondere außergewöhnlich hohe ***Entgeltfortzahlungskosten***, wenn durch sie das Austauschverhältnis auf unbestimmte Zeit schwerwiegend gestört wird, nicht jedoch Sondervergütungen, mit denen ausschließlich Betriebstreue und nicht eine bestimmte Arbeitsleistung honriert werden soll.[157] Von einer gravierenden Störung des arbeitsvertraglichen Austauschverhältnisses (Äquivalenzstörung) ist in der Regel auszugehen, wenn für die Zukunft mit immer neuen, außergewöhnlich hohen Entgeltfortzahlungskosten zu rechnen ist, die ***pro Jahr für einen Zeitraum von mehr als sechs Wochen*** aufzuwenden sind.[158] Vorbehaltlich besonderer Umstände ist als Referenzzeitraum auf die vergangenen drei Jahre abzustellen.[159] Dies gilt auch dann, wenn der Arbeitgeber Betriebsablaufstörungen nicht vorträgt und keine Personalreserve vorhält.[160]

Wirtschaftliche Beeinträchtigung auch ohne konkrete Betriebsablaufstörung

Fazit:

Schon allein hohe Entgeltfortzahlungskosten können bei krankheitsbedingten Fehlzeiten zu einer unzumutbaren Belastung des Arbeitgeber führen und stellen daher, im Gegensatz zu oft schwer darzulegenden Betriebsablaufstörungen, für den Arbeitgeber oft den ***einfacheren*** *Weg* dar, eine Kündigung wegen häufiger Kurzerkrankungen zu begründen.[161] Für die Beurteilung der Frage, ob Entgeltfortzahlungskosten eine Kündigung rechtfertigen, ist auf die ***Kosten des Arbeitsverhältnisses abzustellen***. Der Vergleich mit Entgeltfortzahlungskosten, die der Arbeitgeber für Arbeitnehmer mit vergleichbarer Tätigkeit unter ähnlichen Bedingungen aufzuwenden hat, erlangt dann

---

157 **BAG** 22.07.2021 – 2 AZR 125/21.

158 **BAG** 22.7.2021 – 2 AZR 125/21.

159 **BAG** 22.7.2021 – 2 AZR 125/21.

160 **BAG** 5.7.1990 – 2 AZR 154/90 = DB 1990, 2274; **BAG** 29.7.1993 – 2 AZR 155/93 = DB 1993, 2439.

161 **BAG** 16.2.1989 – 2 AZR 299/88 = NZA 1989, 923.

Bedeutung, wenn auch die vergleichbaren Arbeitnehmer überdurchschnittliche Entgeltfortzahlungskosten verursachen.[162]

Entgeltfortzahlungskosten wegen Erkrankungen ohne Wiederholungsgefahr bleiben unberücksichtigt

Maßgeblich sind allein die Entgeltfortzahlungskosten, die aufgrund der im Rahmen der negativen Gesundheitsprognose ermittelten Ausfallzeiten in Zukunft zu erwarten sind. Danach bleiben bei der Berechnung der ***prognoserelevanten Kosten*** diejenigen außer Betracht, die der Arbeitgeber für einmalige Erkrankungen, deren Wiederholung nicht zu erwarten ist, in der Vergangenheit aufgewendet hat.[163] Ferner müssen auch die Ausfallzeiten unberücksichtigt bleiben, für die keine Entgeltfortzahlungspflicht besteht, weil die einzelne Krankheit den Zeitraum von sechs Wochen überschritten hat, für den nach den gesetzlichen Vorschriften das Arbeitsentgelt fortzuzahlen ist. Denn dieser Zeitraum ist für die wirtschaftliche Belastung des Arbeitgebers mit Entgeltfortzahlungskosten unerheblich.[164] Die Berücksichtigung der Entgeltfortzahlungskosten für die Kündigung stellt keinen Wertungswiderspruch und keinen Verstoß gegen das Maßregelungsverbot dar.[165] Wenn aufgrund der negativen Prognose über den künftigen Krankheitsverlauf sowie erheblicher und unzumutbarer wirtschaftlicher Belastungen eine Kündigung nach § 1 KSchG sozial gerechtfertigt ist, dann greift auch das Maßregelungsverbot des § 612a BGB nicht.[166]

Krankheitszeiten ohne Entgeltfortzahlungspflicht bleiben unberücksichtigt

Keine Besonderheiten bei Interessenabwägung

(3) Interessenabwägung bei häufigen Kurzerkrankungen (3. Stufe). Wie bei jeder personenbedingten Kündigung sind bei der Interessenabwägung insbesondere betriebliche Ursachen für die häufigen Krankheitszeiten zu Lasten des Arbeitgebers zu berücksichtigen. Häufige Fehlzeiten eines Arbeitnehmers muss der Arbeitgeber unter Umständen auch dann verstärkt hinnehmen, wenn vergleichbare Arbeitnehmer ebenfalls erhöhte Fehlzeiten aufweisen. Solche Umstände

---

[162] **BAG** 10.5.1990 – 2 AZR 580/89 = EzA Nr. 31 zu § 1 KSchG – Krankheit.

[163] **BAG** 6.9.1989 – 2 AZR 19/89 = NZA 1990, 307.

[164] **BAG** 7.12.1989 – 2 AZR 225/89 = EzA Nr. 30 zu § 1 KSchG – Krankheit.

[165] **BAG** 16.2.1989 – 2 AZR 299/88 = NZA 1989, 923.

[166] **BAG** 16.2.1989 – 2 AZR 299/88 = NZA 1989, 923.

deuten auf eine betriebliche Ursache für die häufigen Erkrankungen der Arbeitnehmer hin. Beruhen häufige Kurzerkrankungen hingegen auf besonderen Verhaltensweisen oder Veranlagungen des Arbeitnehmers, so auf außergewöhnlicher sportlicher Betätigung, erhöhter Verletzungsanfälligkeit, übermäßiger Beanspruchung durch Nebentätigkeiten, sind diese zu Lasten des Arbeitnehmers in die Interessenabwägung einzubeziehen (siehe auch Kap. 5.2.3). Beschränkt sich die erhebliche Beeinträchtigung betrieblicher Interessen im Wesentlichen auf die wirtschaftliche Belastung mit Entgeltfortzahlungskosten, setzt die soziale Rechtfertigung außergewöhnlich hohe Entgeltfortzahlungskosten voraus, die den sechswöchigen Zeitraum des ***§ 3 EFZG*** umso deutlicher überschreiten müssen, je länger das Arbeitsverhältnis besteht.[167]

6.15.3. Kündigung wegen lang andauernder oder dauernder Erkrankung und wegen ungewisser Dauer der Erkrankung

Zu erwartende Dauer der Erkrankung entscheidend

(1) Negative Gesundheitsprognose bei lang andauernder Erkrankung (1. Stufe). Auch die ordentliche Kündigung aus Anlass einer Langzeiterkrankung ist erst dann sozial gerechtfertigt, wenn eine negative Prognose hinsichtlich der voraussichtlichen weiteren Dauer der Arbeitsunfähigkeit vorliegt.[168] Hierfür ist nicht in erster Linie der Gesundheitszustand des Arbeitnehmers zum Zeitpunkt des Ausspruchs der Kündigung, sondern der zu erwartende weitere Krankheitsverlauf maßgeblich. Für die negative Prognose muss danach festgestellt werden, ob für die Zukunft aufgrund objektiver Umstände mit einer lang anhaltenden, dauernden oder zumindest auf absehbare Zeit ungewissen Dauer der Arbeitsunfähigkeit zu rechnen ist. Die dauernde Unfähigkeit, nur einen Teilbereich des vereinbarten Leistungsspektrums nicht mehr abdecken zu können,

---

[167] **LAG Hamm** 20.8.2015 – 11 Sa 553/15, nV. (juris).

[168] **BAG** 29.4.1999 – 2 AZR 431/98 = NZA 1999, 978.

ist hiermit nicht gleichzusetzen.[169] Allerdings ist hierfür eine bestimmte Dauer der Erkrankung in der Vergangenheit in der Regel unmaßgeblich, denn daraus folgt nicht zwangsläufig, dass die Arbeitsunfähigkeit anhält. Andererseits kann einer zum Zeitpunkt der Kündigung bereits über einen längeren Zeitraum bestehenden Arbeitsunfähigkeit eine ***Indizwirkung*** für die Zukunft beizumessen sein. Auch bei erst kurzer Dauer der Erkrankung kann eine negative Prognose aufgrund der Art der Erkrankung, zum Beispiel einer schweren Unfallverletzung, gerechtfertigt sein, sofern sie dem Arbeitnehmer die geschuldete Arbeitsleistung voraussichtlich auf lange Zeit oder auf Dauer unmöglich macht. Deshalb muss vor Ausspruch einer auf eine zu erwartende lang andauernde Erkrankung gestützten Kündigung der sechswöchige Zeitraum der Entgeltfortzahlung nach § 3 EFZG nicht in jedem Fall abgewartet werden.[170] Der dauernden Leistungsunfähigkeit steht die ***Ungewissheit der Wiederherstellung*** der Arbeitsfähigkeit gleich, wenn in den ***nächsten 24 Monaten*** (vom Zeitpunkt des Ausspruchs der Kündigung an gerechnet) mit einer anderen Prognose nicht gerechnet werden kann. In diesen Prognosezeitraum sind die vor Ausspruch der Kündigung liegenden Krankheitszeiten nicht einzubeziehen.[171]

Ungewissheit der Wiederherstellung kann genügen

Maßgebliche Beurteilungsgrundlage für die Rechtmäßigkeit einer derartigen Kündigung sind wiederum die objektiven Verhältnisse im Zeitpunkt des Zugangs der Kündigungserklärung. Die objektiven Merkmale, nach denen der Arbeitgeber seine Zukunftsprognose zur weiteren Dauer der Arbeitsunfähigkeit des Arbeitnehmers anzustellen hat, müssen deshalb beim Zugang der Kündigungserklärung vorliegen.[172] Die spätere tatsächliche Entwicklung einer Erkrankung kann weder zur Bestätigung noch zur Korrektur der Prognose verwertet werden.[173] Hiervon zu unterscheiden ist eine Korrektur der Beurteilung der negativen Prognose

Spätere tatsächliche Entwicklung unerheblich

---

[169] **BAG** 26.1.2017 – 2 AZR 68/16 = NZA 2017, 499.

[170] **APS/Vossen**, § 1 KSchG Rz. 145.

[171] **BAG** 12.4.2002 – 2 AZR 148/01 = NZA 2002, 1081.

[172] **BAG** 15.8.1984 – 7 AZR 536/82 = NZA 1985, 357.

[173] **BAG** 12.4.2002 – 2 AZR 148/01 = NZA 2002, 1081.

im Prozess aufgrund von Umständen der Erkrankung des Arbeitnehmers, die bereits zum Zeitpunkt der Kündigung bestanden.[174] Der Arbeitgeber braucht die Erfolgsaussichten einer möglichen, aber mit einem erheblichen Risiko behafteten Operation jedenfalls dann nicht in seine Prognose über die weitere Dauer der Arbeitsunfähigkeit einzubeziehen, wenn der Arbeitnehmer auch nach mehrmonatiger Bedenkzeit zum Zeitpunkt der Kündigung noch unentschlossen ist, ob er sich der Operation unterziehen soll.[175]

Betriebliche Beeinträchtigung bei dauernder Leistungsunfähigkeit

(2) Erhebliche Beeinträchtigung betrieblicher Interessen bei lang andauernder Erkrankung (2. Stufe). Steht zum Zeitpunkt der Kündigung fest, dass der Arbeitnehmer in Zukunft die geschuldete Arbeitsleistung überhaupt nicht mehr erbringen kann, so ist schon aus diesem Grund das Arbeitsverhältnis auf Dauer ganz erheblich gestört, so dass bei krankheitsbedingter dauernder Leistungsunfähigkeit in aller Regel ohne weiteres von einer erheblichen Beeinträchtigung der betrieblichen Interessen auszugehen ist.[176] Die auf das jeweilige Arbeitsverhältnis bezogene betriebliche Beeinträchtigung besteht darin, dass der Arbeitgeber damit rechnen muss, der Arbeitnehmer werde auf Dauer außerstande sein, die von ihm geschuldete Arbeitsleistung zu erbringen. In diesem Fall liegt die erhebliche betriebliche Beeinträchtigung darin, dass der Arbeitgeber auf unabsehbare Zeit gehindert ist, sein Direktionsrecht auszuüben und den Arbeitnehmer vertragsgemäß einzusetzen. Eine irgendwie geartete Planung des Einsatzes des betroffenen Arbeitnehmers ist ebenso wenig möglich wie der Einsatz von Vertretungskräften. Der Arbeitgeber kann nicht gehindert werden, für die Tätigkeit des Arbeitnehmers auf Dauer einen anderen Arbeitnehmer einzusetzen.[177]

Ungewissheit für die nächsten 24 Monate

Eine lang anhaltende Erkrankung vermag eine Kündigung ohne Rücksicht auf zusätzliche wirtschaftliche Belastungen des Arbeitgebers bereits dann sozial zu rechtfertigen, wenn im Zeitpunkt der Kündigung die

---

[174] **BAG** 9.9.2010 – 2 AZR 493/09 = DB 2011, 62.

[175] **BAG** 15.8.1984 – 7 AZR 536/82 = NZA 1985, 357.

[176] **BAG** 19.4.2007 – 2 AZR 239/06 = NZA 2007, 1041.

[177] **BAG** 21.5.1992 – 2 AZR 399/91 = NZA 1993, 497.

Wiederherstellung der Arbeitsfähigkeit völlig ungewiss ist und die Krankheit bereits längere Zeit (im entschiedenen Fall: 1 ½ Jahre) angedauert hat. Ist zum Zeitpunkt der Kündigung die Wiederherstellung der Arbeitsunfähigkeit noch völlig ungewiss, so kann diese Ungewissheit wie eine feststehende dauernde Arbeitsunfähigkeit zu erheblichen Beeinträchtigungen betrieblicher Interessen führen.[178] Denn dann ist der Arbeitgeber in einer dem Fall der feststehenden Leistungsunfähigkeit vergleichbaren Lage. Dies gilt insbesondere dann, wenn zum Zeitpunkt des Kündigungszugangs aufgrund objektiver Umstände mit einer Arbeitsunfähigkeit auf nicht absehbare Zeit zu rechnen ist und gerade diese Ungewissheit zu unzumutbaren betrieblichen oder wirtschaftlichen Belastungen führt.[179] Die Ungewissheit der Wiederherstellung der Arbeitsfähigkeit steht einer krankheitsbedingten dauernden Leistungsunfähigkeit dann gleich, wenn in den nächsten ***24 Monaten*** mit einer anderen Prognose nicht gerechnet werden kann.[180] Denn für die betrieblichen Beeinträchtigungen kommt es auf den künftigen Handlungsspielraum des Arbeitgebers im Zeitpunkt der Kündigung an. Für den Zeitraum von 24 Monaten kann er nämlich gemäß § 14 Abs. 2 TzBfG – sogar ohne Vorliegen eines sachlichen Grundes – befristet eine Ersatzkraft einstellen und damit die betrieblichen Beeinträchtigungen überbrücken.[181]

Umstände der Erkrankung berücksichtigen

(3) Interessenabwägung bei lang andauernder Erkrankung (3. Stufe). Die dauernde Leistungsunfähigkeit des Arbeitnehmers führt in der Regel zu einer für den Arbeitgeber nicht mehr tragbaren betrieblichen Beeinträchtigung.[182] Andererseits gilt der Verhältnismäßigkeitsgrundsatz auch hier, so dass die Kündigung nur gerechtfertigt ist, wenn sie zur Beseitigung der eingetretenen Vertragsstörung erforderlich ist und mildere Mittel zur Vermeidung künftiger Fehlzeiten ausgeschlossen

---

178 **BAG** 21.5.1992 – 2 AZR 399/91 = NZA 1993, 497.

179 **BAG** 25.11.1982 – 2 AZR 140/81 = DB 1983, 1047.

180 **BAG** 20.11.2014 – 2 AZR 664/13.

181 **BAG** 29.4.1999 – 2 AZR 431/98 = DB 1999, 1861.

182 **BAG** 21.5.1992 – 2 AZR 399/91 = NZA 1993, 497; **BAG** 30.1.1986 – 2 AZR 668/84 = NZA 1987, 555.

sind.[183] Allerdings hat auch bei der dauernden Arbeitsunfähigkeit des Arbeitnehmers dann eine strengere Abwägung der Arbeitgeberinteressen stattzufinden, wenn betriebliche Umstände für die Erkrankung des Arbeitnehmers verantwortlich sind. Beruht die Erkrankung des Arbeitnehmers auf einem ***Betriebsunfall*** ist insbesondere von Bedeutung, ob der Arbeitgeber oder der Arbeitnehmer für den Betriebsunfall verantwortlich war. Gegebenfalls sind dem Arbeitgeber weitergehende Überbrückungsmaßnahmen oder Umsetzungsmaßnahmen zumutbar, um dem Arbeitnehmer eine seine Verletzungen berücksichtigende Beschäftigung zu sichern. Dies kann etwa durch die Schaffung eines leidensgerechten Arbeitsplatzes, durch eine zumutbare Umgestaltung des Arbeitsplatzes zum Teilzeitarbeitsplatz oder auch durch eine zumutbare Umgestaltung des Arbeitsplatzes in technischer Hinsicht geschehen (etwa Einsatz von Hebehilfen). Dabei ist zu berücksichtigen, dass auch öffentliche Leistungen zur Teilhabe am Arbeitsleben gemäß §§ 49 ff. SGB IX in Anspruch genommen werden können. Zu den vom Arbeitgeber in Erwägung zu ziehenden Überbrückungsmaßnahmen gehört unter Umständen auch die Einstellung einer Aushilfskraft auf unbestimmte Zeit. Der Arbeitgeber hat konkret darzulegen, weshalb die Einstellung einer Aushilfskraft nicht möglich oder nicht zumutbar sein soll.[184]

Verursachung der Erkrankung berücksichtigen

Öffentliche Leistungen zur Teilhabe

6.15.4. Kündigung wegen krankheitsbedingter Minderung der Leistungsfähigkeit

Erhebliche Leistungsminderung

(1) Negative Gesundheitsprognose bei krankheitsbedingter Minderleistung der Leistungsfähigkeit (1. Stufe). Auch die krankheitsbedingte Minderung der Leistungsfähigkeit kann einen in der Person des Arbeitnehmers liegenden Kündigungsgrund darstellen, wenn sie zu einer erheblichen Beeinträchtigung betrieblicher Interessen führt.[185] Die negative Gesundheitsprognose

---

[183] **BAG** 13.5.2015 – 2 AZR 565/14 = NZA 2015, 1249.

[184] **BAG** 25.11.1982 – 2 AZR 140/81 = DB 1983, 1047.

[185] **BAG** 11.12.2003 – 2 AZR 667/02 = DB 2004, 1506.

muss sich in diesem Fall darauf beziehen, dass auch in Zukunft eine erhebliche Minderung der Leistungsfähigkeit und damit eine Störung des arbeitsvertraglichen Austauschverhältnisses zu besorgen ist.

Kündigung aus Fürsorge

Zu beachten ist, dass eine „Kündigung aus Fürsorge“ nicht schon dann möglich ist, wenn ein arbeitsmedizinisches Gutachten dem Arbeitnehmer empfiehlt, zur Vermeidung einer Verschlechterung seines Gesundheitszustandes die vertraglich geschuldete Arbeitsleistung nicht weiter zu erbringen. Es kommt vielmehr auf das konkrete Verhalten des Arbeitnehmers und die tatsächlichen Auswirkungen auf das Arbeitsverhältnis an.[186]

Äquivalenzstörung: Keine dem Entgelt entsprechende Gegenleistung

(2) Erhebliche Beeinträchtigung betrieblicher Interessen bei krankheitsbedingter Minderung der Leistungsfähigkeit (2. Stufe). Bei einer in Zukunft zu erwartenden krankheitsbedingten Leistungsminderung des Arbeitnehmers, wird die erhebliche Beeinträchtigung betrieblicher Interessen in der Regel wirtschaftlicher Natur sein. Denn der Zahlung der vollen Vergütung steht bei einer krankheitsbedingten Leistungsminderung des Arbeitnehmers keine adäquate Arbeitsleistung gegenüber. Da die Beeinträchtigung betrieblicher Interessen erheblich sein muss, genügt nicht jede geringfügige Minderleistung. Das BAG hat eine Minderleistung für ausreichend angesehen, die dazu führte, dass der Arbeitgeber für ⅓ des vollen Zeitlohns keine Gegenleistung erhielt.[187] Die Feststellung der negativen Prognose setzt somit voraus, dass zum Zeitpunkt der Kündigung ein objektiv messbarer erheblicher Leistungsabfall in quantitativer oder qualitativer Hinsicht besteht. Den normalen altersbedingten Leistungsabfall eines Arbeitnehmers hat der Arbeitgeber hinzunehmen.[188]

---

[186] Zur möglichen Schadenersatzpflicht des Arbeitgebers wegen der Zuweisung gesundheitsgefährdender Arbeiten siehe **BAG** 13.12.2001 – 8 AZR 131/01 = DB 2002, 1508.

[187] **BAG** 26.9.1991 – 2 AZR 132/91 = NZA 1992, 1073.

[188] **BAG** 20.11.1987 – 2 AZR 284/86.

Abhilfe durch organisatorische Maßnahmen

(3) Interessenabwägung bei der krankheitsbedingten Minderung der Leistungsfähigkeit (3. Stufe). Bei einer Kündigung wegen Minderung der Leistungsfähigkeit hat der Arbeitgeber vor allem bei älteren Arbeitnehmern zu prüfen, ob der Leistungsminderung nicht durch organisatorische Maßnahmen begegnet werden kann (etwa durch Änderung des Arbeitsablaufs, Umgestaltung des Arbeitsplatzes, Umverteilung der Aufgaben).[189] Die weitere Zumutbarkeit derartiger Maßnahmen ist bei der Interessenabwägung besonders zu berücksichtigen. Hinsichtlich der bei jeder personenbedingten Kündigung zu beachtenden weiteren Abwägungskriterien ist auf die allgemeinen Ausführungen zur Interessenabwägung zu verweisen (siehe Kap. 5.2.3).

6.16. Krankheit und Vertragspflichten

Verhaltensbedingte Kündigung wegen Pflichtverletzungen des Erkrankten

Während die Krankheit selbst nur eine personenbedingte Kündigung rechtfertigen kann, können ***Pflichtverletzungen*** des Arbeitnehmers im Zusammenhang mit einer Erkrankung zu einer ***verhaltensbedingten Kündigung*** führen.

Anzeigepflicht

Nachweispflicht

So ist der Arbeitnehmer gemäß § 5 Abs. 1 Satz 1 EFZG verpflichtet, die Arbeitsunfähigkeit und deren voraussichtliche Dauer ***unverzüglich anzuzeigen*** (Anzeigepflicht). Dauert die Erkrankung länger als drei Kalendertage, so muss der Arbeitnehmer nach § 5 Abs. 1 S. 2 EFZG spätestens am darauffolgenden Arbeitstag eine ärztliche ***Arbeitsunfähigkeitsbescheinigung*** vorlegen (Nachweispflicht). Beide Verpflichtungen bestehen nebeneinander und gelten auch für den fall der Fortdauer der Erkrankung entsprechend.[190] Wiederholte Verstöße gegen die Anzeige und Nachweispflicht können nach Abmahnung eine verhaltensbedingte Kündigung rechtfertigen.

Auch das Vortäuschen einer Krankheit oder die bloße Ankündigung einer Krankheit, die ohne jedes Krankheitsanzeichen lediglich zur Durchsetzung etwa eines verweigerten Urlaubsanspruchs erfolgt, können bereits

---

[189] **BAG** 12.7.1995 – 2 AZR 762/94 = DB 1995, 2617.

[190] **BAG** 3.11.2011 – 2 AZR 748/10 = DB 2012, 926.

für sich genommen Grund zur außerordentlichen Kündigung ohne vorherige Abmahnung sein.[191]

6.17. Kur

Nach Kur muss Arbeitgeber deren Erfolg abwarten

Durch einen Kuraufenthalt, den der Arbeitnehmer zur Besserung oder Wiedererlangung seiner Arbeitsfähigkeit unternimmt, setzt der Arbeitnehmer keinen eine personenbedingte Kündigung rechtfertigenden Grund. Dies folgt schon aus der durch die Kur gerade beabsichtigten Verbesserung der Gesundheitsprognose. Insbesondere eine im Anschluss an eine lang andauernde Erkrankung durchgeführte Kur des Arbeitnehmers, die nach ärztlicher Erkenntnis mit Aussicht auf Wiederherstellung der Erwerbsfähigkeit angetreten wird, verpflichtet den Arbeitgeber in der Regel, den Erfolg dieser Kur vor Ausspruch einer Kündigung abzuwarten. Dies gilt auch bei einer Entziehungskur wegen Alkohol- oder Drogensucht (siehe Stichwort Alkohol- und Drogensucht, Kap. 6.2).

6.18. Minderleistung

Abweichung von Leistung und Gegenleistung

Die Parteien des gegenseitigen Vertrages gehen typischerweise davon aus, dass die Leistung des anderen Teils der eigenen (mindestens) gleichwertig ist. Die Vorstellung der Arbeitsvertragsparteien von der annähernden Gleichwertigkeit (Äquivalenz) der beiderseitigen Leitungen ist daher regelmäßig Geschäftsgrundlage. Weichen die tatsächlichen Verhältnisse von den Erwartungen schwerwiegend ab, so stehen dem Arbeitgeber als Reaktion auf derartige Störungen des Austauschverhältnisses – soweit sie aus der Sphäre des Arbeitnehmers stammen – im Wesentlichen die Vorschriften der personenbedingten Beendigungskündigung oder Änderungskündigung (zur Änderungskündigung siehe Kap. 9) zur Verfügung.[192]

---

[191] vgl. hierzu in dieser Reihe **Quecke:** „Verhaltensbedingte Kündigung und Abmahnung“, Rieder Verlag, Münster.

[192] **BAG**, 11.12.2003 – 2 AZR 667/02 = NZA 2004, 784.

Trotz Ausschöpfung der persönlichen Leistungsfähigkeit

Merkmal der personenbedingten Kündigung ist, dass die Minderleistung trotz Ausschöpfung der persönlichen Leistungsfähigkeit des Arbeitnehmers eintritt. Es kommt darauf an, ob die Arbeitsleistung die berechtigte Erwartung des Arbeitgebers von der Gleichwertigkeit der beiderseitigen Leistungen in einem Maße unterschreitet, dass ihm ein Festhalten an dem (unveränderten) Arbeitsvertrag unzumutbar ist.[193] In diesem Sinne hat es das BAG als erhebliche Minderleistung angesehen, wenn ein Arbeitnehmer die Normalleistung dauerhaft um ein Drittel unterschreitet.[194]

Eine Minderleistung kann nicht nur auf einer Erkrankung des Arbeitnehmers beruhen (hierzu siehe Kap. 6.15.4), sondern auch auf Defiziten fachlicher[195], pädagogischer[196] oder die Persönlichkeit betreffender Art. So kann ein Arbeitnehmer z. B. ungeeignet sein, Führungsaufgaben wahrzunehmen.[197] Auch die völlige Erfolglosigkeit eines Arbeitnehmers im Akquisitionsgeschäft[198] stört das Austauschverhältnis von Leistung und Gegenleistung nachhaltig. Möglich ist, dass das Leistungsdefizit – so fehlende Programmierkentnisse eines Organisationsprogrammierers – erst nach längerem Bestand des Arbeitsverhältnisses zum Tragen kommt.[199]

6.19. Öffentlicher Dienst

Straftaten

Ein im öffentlichen Dienst beschäftigte Arbeitnehmer hat auch außerhalb des Dienstes die Rechtsordnung zu wahren, wobei für die nicht hoheitlich tätigen Arbeitnehmer keine weiteren Verhaltenspflichten als für Beschäftigte der Privatwirtschaft gelten.[200]

---

[193] **BAG** 11.12.2003 – 2 AZR 667/02 = NZA 2004, 784; **BAG** 10.2.2005 – 2 AZR 584/03 = AP Nr. 18 zu § 174 BGB.

[194] **BAG** 26.9.1991 – 2 AZR 132/91 = NZA 1992, 1073.

[195] **BAG** 19.4.2012 – 2 AZR 233/11 = NZA 2012, 1449.

[196] **BAG** 6.3.2003 – 2 AZR 232/02 = NZA 2004, 231.

[197] **Hess. LAG** 19.10.2004 – 1 Sa 19/04 = AuA 2005, 311.

[198] **BAG** 3.6.2004 – 2 AZR 386/03 = NZA 2004, 1380.

[199] **BAG** 19.4.2012 – 2 AZR 233/11 = NZA 2012, 1449.

[200] **BAG** 20.6.2013 – 2 AZR 583/12, NZA 2013, 1345.

Außerdienstlich begangene Straftaten können Zweifel an der Zuverlässigkeit und Vertrauenswürdigkeit eines Arbeitnehmers begründen. Ob es einem Arbeitnehmer an der Eignung für die künftige Erledigung seiner Aufgaben mangelt, ist abhängig von seiner Funktion undStellung im Betrieb, seinen konkreten Arbeitspflichten und von der Art des Delikts.

So können Straftaten eines im öffentlichen Dienst mit hoheitlichen Aufgaben betrauten Arbeitnehmers grundsätzlich auch dann zu einem Eignungsmangel führen, wenn sie außerdienstlich begangen wurden und es an einem unmittelbaren Bezug zum Arbeitsverhältnis fehlt.[201] Die Tauglichkeit von Arbeitnehmern im öffentlichen Dienst zur Erbringung ihrer Arbeitsleistung kann nämlich nicht nur durch Störungen des Vertrauensverhältnisses zwischen den Arbeitsvertragsparteien selbst beeinträchtigt werden. Vielmehr kommt es, da die im öffentlichen Dienst beschäftigten Arbeitnehmer als Repräsentanten des Staates gegenüber der Öffentlichkeit auftreten, auch auf ihr Ansehen in der Öffentlichkeit an.[202] Nicht unbedingt muss eine konkret messbare Ansehensschädigung nachgewiesen werden.[203]

Ansehen in der Öffentlichkeit

Konkret messbare Ansehensschädigung nicht erforderlich

Beispiele:

- *vorsätzliches Tötungsdelikt*
- *erhebliche Steuerhinterziehung eines Angestellten der Finanzbehörde*[204]
- *Erschleichen eines Anwohnerparkausweises einer im Ordnungsamt mit der Parkraumüberwachung eingesetzten Mitarbeiterin.*[205]

Zur Kündigung wegen politischer Betätigung siehe Stichwort Politische Betätigung, Kap. 6.21.

---

[201] **BAG** 10.4.2014 – 2 AZR 684/13 = NZA 2014, 1197.

[202] **BAG** 20.11.1997 – 2 AZR 643/96 = NZA 1998, 323.

[203] **BAG** 8.6.2000 – 2 AZR 638/99 = NZA 2000, 1282.

[204] **BAG** 21.6.2001 – 2 AZR 325/00 = NZA 2002, 1030.

[205] **LAG** Berlin-Brandenburg 10.12.2019 – 7 Sa 557/19.

6.20. Persönliche und familiäre Verhältnisse

Konkrete Störung des Arbeitsverhältnisses

Besondere persönliche oder familiäre Beziehungen des Arbeitnehmers zu Dritten stellen für sich alleine keinen die personenbedingte Kündigung rechtfertigenden Grund dar. Vielmehr müssen auch hier konkrete Beeinträchtigungen des Arbeitsverhältnisses feststellbar sein, aufgrund derer die fehlende persönliche Eignung des Arbeitnehmers zur ordnungsgemäßen und loyalen Erbringung der Arbeitsleistung für die Zukunft zu besorgen ist.[206] So folgt aus dem Wechsel des Lebenspartners zu einem Konkurrenzunternehmen und dessen dortige leitende Stellung ohne konkrete negative Auswirkungen auf das Arbeitsverhältnis des verbleibenden Arbeitnehmers kein personenbedingter Kündigungsgrund.[207] Solche konkreten Beeinträchtigungen können aber auch dann eine personenbedingte Kündigung rechtfertigen, wenn sie auf vom Arbeitnehmer nicht zu vertretenden Umständen beruhen. Dies hat das BAG im Falle eines Verfassungsschutzmitarbeiters angenommen, der Kontakt zu seinem in Kreisen der organisierten Kriminalität tätigen Schwager unterhielt und dies nicht offenbarte.[208]

6.21. Politische Betätigung

Auswirkung auf
– allgemeine Aufgaben des Arbeitgebers
– oder konkretes Arbeitsgebiet

Eine politische Betätigung kann eine personenbedingte Kündigung wegen fehlender Eignung aufgrund von Zweifeln an der Erfüllung der einfachen ***politischen Loyalitätspflicht*** eines im öffentlichen Dienst tätigen Arbeitnehmers nur dann rechtfertigen, wenn sie in die Dienststelle hineinwirkt und entweder die allgemeine Aufgabenstellung des öffentlichen Arbeitgebers oder das konkrete Arbeitsgebiet des Arbeitnehmers berührt. Auch Arbeitnehmer, die nur eine „einfache" politische Treuepflicht trifft, müssen aber ein Mindestmaß an Verfassungstreue insoweit aufbringen, als sie nicht

[206] **BAG** 10.4.2014 – 2 AZR 684/13 = NZA 2014, 1197.
[207] **LAG Hamm** 29.1.1997 – 14 Sa 1862/96 = NZA 1999, 656.
[208] **BAG** 26.11.2009 – 2 AZR 272/08 = NZA 2010, 628.

darauf ausgehen dürfen, den Staat, die Verfassung oder deren Organe zu beseitigen, zu beschimpfen oder verächtlich zu machen.[209] Das Maß der einem Beschäftigten des öffentlichen Dienstes abzuverlangenden Loyalität gegenüber der Verfassung bestimmt sich dabei nach der Stellung und dem Aufgabenkreis, der dem Beschäftigten laut Arbeitsvertrag übertragen ist.[210] So wurde aus dem Tragen der Tätowierung „Meine Ehre heißt Treue" die fehlende Eignung eines Lehrers wegen Verstoßes gegen seine Verfassungstreuepflicht geschlossen.[211] Die bei jeder personenbedingten Kündigung zu treffende negative Prognose zum Zeitpunkt des Kündigungsausspruchs muss insbesondere bei vergangener politischer Aktivität des Lehrers (so bei herausgehobener parteipolitischer Tätigkeit für die SED) die Prüfung einer möglichen Änderung der politischen Einstellung umfassen.[212] So kann das Verhalten eines Arbeitnehmers nach der Wende (auch eines früheren Mitarbeiters des Ministeriums für Staatssicherheit der DDR) bei konkreter Würdigung seiner Persönlichkeit und Betätigung dazu führen, dass Zweifel an seiner persönlichen Eignung für die geschuldete Tätigkeit nicht mehr bestehen oder nicht mehr aufrechterhalten werden können.[213] Liegen Indizien für die fehlende Bereitschaft des Arbeitnehmers zur Verfassungstreue vor, hat nicht der Arbeitnehmer diese zu entkräften, sondern der Arbeitgeber muss durch den Vortrag konkreter Umstände diese Indizien personalisieren und so verstärken, dass sie die Feststellung der fehlenden Eignung (fehlende Verfassungstreue) rechtfertigen. Derartige Umstände können sich aus dem bisherigen dienstlichen oder außerdienstlichen Verhalten des Arbeitnehmers sowie auch aus seinem durch eine Anhörung zu ermittelnden Verfassungsverständnis ergeben.[214] (siehe Stichwort Sicherheitsbedenken, Kap. 6.23)

Konkreter Vortrag zur Verfassungstreue

[209] **BAG** 6.9.2012 – 2 AZR 372/11 = DB 2013, 1973.

[210] **BAG** 6.9.2012 – 2 AZR 372/11 = DB 2013, 1973.

[211] **LAG** Berlin-Brandenburg 11.5.2021 – 8 Sa 1655/20.

[212] **BVerfG** 8.7.1997 – 1 BvR 1243/95 = NZA 1997, 932.

[213] **BAG** 13.3.1997 – 2 AZR 506/96.

[214] **BAG** 28.9.1989 – 2 AZR 317/86 = NJW 1990, 1196.

6.22. Schulden und Lohnpfändungen

Keine ungeordneten privaten Verhältnisse in Vertrauensstellung

Die nicht durch eine persönliche Notlage verursachten hohen Schulden eines in einer Vertrauensstellung beschäftigten Arbeitnehmers können einen personenbedingten Kündigungsgrund darstellen, wenn sie in relativ kurzer Zeit zu häufigen Lohnpfändungen führen und sich aus der Art und Höhe der Schulden ergibt, dass der Arbeitnehmer voraussichtlich noch längere Zeit in ungeordneten Verhältnissen leben wird. Bei Vorliegen dieser Voraussetzungen fehlt es in der Regel an der persönlichen Eignung des Arbeitnehmers für die ihm übertragene Vertrauensstellung.[215]

6.23. Sicherheitsbedenken

Keine überspannten Sicherheitsmaßstäbe

Sicherheitsbedenken gegenüber dem Arbeitnehmer, können aus der vom Arbeitgeber vermuteten fehlenden Verfassungstreue[216] aus begangenen Straftaten oder sonstigen für den Betrieb und den konkreten Aufgabenbereich relevanten Umständen herzuleiten sein. Immer sind sie vom Arbeitgeber konkret unter Anführung greifbarer Tatsachen darzulegen.[217] Es müssen also tatsächliche – nicht immer vom Arbeitnehmer zu vertretende[218] – Umstände vorgebracht werden, aus denen die Sicherheitsbedenken hergeleitet werden. Hierbei ist allerdings dann, wenn es sich nicht eindeutig um nicht behebbare Eignungsmängel handelt, die Abgrenzung zu einer im Verhalten des Arbeitnehmers liegenden Vertragsstörung schwierig, so dass dann regelmäßig eine vorherige Abmahnung erforderlich ist.[219] So ist die finanzielle Belastung durch erst auf längere Sicht zu tilgende Verbindlichkeiten, die teilweise auf mehrere im Vermögensbereich liegende rechtskräftig verurteilte Straftaten zurückgehen, als ein konkreter, greifbarer Umstand

---

[215] **BAG** 29.8.1980 – 7 AZR 726/77, nv. (juris); **BAG** 15.10.1992 – 2 AZR 188/92, EzA Nr. 45 zu § 1 KSchG – Verhaltensbedingte Kündigung.

[216] **LAG** Thüringen 14.11.2018 – 6 Sa 204/18.

[217] **BAG** 6.9.2012 – 2 AZR 270/11 = NJW 2013, 1115.

[218] **BAG** 26.11.2009 – 2 AZR 272/08 = NZA 2010, 628.

[219] **LAG Rh.-Pf.** 26.2.2016 – 1 Sa 358/15, nv. (juris).

eingeordnet worden, der wegen Sicherheitsbedenken aus personenbedingten Gründen die Kündigung gegenüber einer Schreibkraft im Bundesministerium der Verteidigung sozial gerechtfertigt hat.[220] Ähnliche Konstellationen sind in der Privatwirtschaft denkbar, etwa im Bereich sensibler Geschäftsgeheimnisse.

6.24. Straf- und Untersuchungshaft

Haftbedingte Arbeitsverhinderung rechtfertigt alleine keine Kündigung

Die soziale Rechtfertigung einer ordentlichen Kündigung wegen Inhaftierung, auch derjenigen wegen Untersuchungshaft, hängt von der (voraussichtlichen) Dauer der Haft sowie insbesondere der Art und dem Ausmaß der betrieblichen Auswirkungen der Arbeitsverhinderung ab.[221] Die haftbedingte Arbeitsverhinderung rechtfertigt alleine nicht die personenbedingte Kündigung; sie muss vielmehr das Arbeitsverhältnis konkret – über die bloße Abwesenheit des Arbeitnehmers hinaus – in einer dem Arbeitgeber nicht zumutbaren Weise beeinträchtigen.[222] Befindet sich der Arbeitnehmer in Untersuchungshaft und hat die Hauptverhandlung noch nicht begonnen, kommt als Kündigungsgrund auch die Ungewissheit über die Rückkehr des Arbeitnehmers oder zumindest über den Zeitpunkt der Rückkehr in Betracht.[223] Jedenfalls eine Freiheitsstrafe von mehr als zwei Jahren, bei der eine vorzeitige Entlassung oder ein Freigängerstatus nicht bereits konkret absehbar sind, rechtfertigt in der Regel eine personenbedingte Kündigung, ohne dass weitere Überbrückungsmaßnahmen zumutbar wären.[224] Als durch die Haft verursachte Beeinträchtigungen sind bereits eingetretene und insbesondere in Zukunft zu erwartende Betriebsablaufstörungen zu berücksichtigen, so Schichtausfälle, Schwierigkeiten bei der Beschaffung einer Aushilfskraft, auch die Notwendigkeit

Ungewisser Rückkehrzeitpunkt

---

220 **LAG Köln** 9.5.1996 – 10 Sa 22/96 = ZTR 1997, 188.

221 **BAG** 20.11.1997 – 2 AZR 805/96 (juris); **BAG** 22.9.1994 – 2 AZR 719/93 = NZA 1995, 119.

222 **BAG** 22.9.1994 – 2 AZR 719/93 = NZA 1995, 119.

223 **BAG** 22.9.1994 – 2 AZR 719/93 = NZA 1995, 119.

224 **BAG** 24.3.2011 – 2 AZR 790/09 = NZA 2011, 1084.

Ansehensverlust

der dauernden Einstellung einer Ersatzkraft. Bei den entstandenen oder zu erwartenden Schäden kommen möglicherweise auch immaterielle Nachteile in Frage, etwa ein eintretender Ansehensverlust.

Da der Arbeitgeber den durch die Haft an der Erfüllung der Arbeitsleistung verhinderten Arbeitnehmer nicht vergüten muss, wird er wirtschaftlich nicht belastet. Er wird daher zumutbare Überbrückungsmaßnahmen auszunutzen haben. Allerdings ist im Rahmen der Interessenabwägung zu berücksichtigen, dass der Arbeitnehmer seine Leistungsverhinderung in der Regel zu vertreten hat.

6.25. Straftaten

Straftat kann Eignung entfallen lassen

Straftaten ***im dienstlichen Bereich rechtfertigen*** regelmäßig auch ohne vorherige Abmahnung eine ordentliche oder gar außerordentliche ***verhaltensbedingte Kündigung.***[225] Straftaten ***außerhalb des Arbeitsverhältnisses*** stellen in der Regel keine Vertragspflichtverletzung dar. Sie können jedoch als personenbedingter Kündigungsgrund Bedeutung gewinnen, weil durch die begangene Straftat die ***Eignung*** des Arbeitnehmers für die vertraglich geschuldete Arbeitsleistung in Frage gestellt werden kann, wenn durch die Tat das Arbeitsverhältnis konkret berührt wird. Allgemein sind im öffentlichen Dienst (siehe Stichwort Öffentlicher Dienst, Kap. 6.19) strengere Anforderungen zu stellen, weil dort besondere Gesetzestreue gefordert ist. Hier können bereits geringfügige Straftaten zur Kündigung führen.

Beispiele:

- *Ladendiebstahl zu Lasten einer Konzernschwester des Arbeitgebers,*[226]
- *ein einmaliger Ladendiebstahl einer bei der Staatsanwaltschaft beschäftigten Gerichtshelferin,*[227]
- *Vermögensdelikt eines Kassierers einer Bank,*

---

[225] vgl. hierzu in dieser Reihe **Quecke**: „Die verhaltensbedingte Kündigung", Rieder Verlag, Münster.

[226] **BAG** 20.9.1984 – 2 AZR 233/83 = NZA 1985, 285.

[227] **LAG Frankfurt** 4.7.1985 – 12 Sa 1329/84 = LAGE Nr. 22 zu § 626 BGB.

- *Steuerhinterziehung einer Angestellten der Finanzbehörde,*[228]
- *Verkehrsdelikte bei Berufskraftfahrern, insbes. Trunkenheitsfahrt,*[229] *auch eines U-Bahn-Zugführers*[230] *oder eines Leiters eine Kfz-Prüfstelle mit anschließender Unfallflucht,*[231]
- *Strafe wegen Untreue in früherer Rechtsanwaltstätigkeit eines Justitiars eines Landkreises,*[232]
- *Verurteilung eines Krankenpflegers wegen Betäubungsmitteldelikten und sexuellen Missbrauchs*[233] *oder eines angestellten Polizisten im Objektschutz wegen der Herstellung von Drogen,*[234]
- *Körperverletzungsdelikt eines Personenschützers.*[235]

Personenbedingte Änderungskündigung zur Vertragsanpassung

6.26. Tendenzbetrieb

Verpflichtung zur Loyalität

Ein Loyalitätskonflikt zwischen Arbeitgeber und Arbeitnehmer ist nicht nur im kirchlichen Bereich denkbar (siehe Stichwort „Kirche und Religionsausübung, Nr. 6.14), sondern auch in Unternehmen, die bestimmte politische, karikative, erzieherische, wissenschaftliche oder künstlerischer Zielsetzungen verfolgen, den Tendenzbetrieben. Soweit ein Arbeitnehmer als sogenannter Tendenzträger in verantwortlicher Stellung maßgeblichen Einfluss auf die Verwirklichung der geistig-ideellen Ziele des Tendenzunternehmens hat,[236] ist er grundsätzlich zur Loyalität gegenüber seinem Arbeitgeber auch hinsichtlich dessen Zielsetzung verpflichtet. Eine personenbedingte Kündigung kann jedoch auch in diesem Fall nur gerechtfertigt sein, wenn der Arbeitnehmer das Arbeitsverhältnis konkret stört.

---

228 **BAG** 21.6.2001 – 2 AZR 325/00 = NZA 2002, 1030.

229 **BAG** 22.8.1963 – 2 AZR 114/63 = DB 1963, 1580.

230 **BAG** 4.6.1997 – 2 AZR 526/96 = NZA 1997, 1281.

231 **LAG Köln** 25.8.1988 – 8 Sa 1334/87 = LAGE Nr. 34 zu § 626 BGB.

232 Sächsisches **LAG** 11.09.2020 – 2 Sa 343/19.

233 **LAG Hamm** 8.2.2007 – 17 Sa 1403/06 (juris).

234 **BAG** 26.6.2013 – 2 AZR 583/12 = NZA 2013, 1345.

235 **BAG** 6.9.2012 – 2 AZR 270/11 = NJW 2013, 1115.

236 **BAG** 14.9.2010 – 1 ABR 29/09 = NZA 2011, 225.

Beispiel:

- *Eine bei einer Zeitung beschäftigter Redakteurin darf sich bei außerbetrieblichen Meinungsäußerungen nicht gegen die grundsätzliche Zielrichtung ihres Arbeitgebers wenden.*[237]

6.27. Verdachtskündigung

Vertrauensverlust bei erheblichem Verdacht

Der dringende Verdacht einer Pflichtverletzung kann eine ordentliche Kündigung aus Gründen in der Person des Arbeitnehmers sozial rechtfertigen.[238] Denn der Arbeitgeber muss sich schon dann schützen können, wenn eine schwere Pflichtverletzung zwar nicht nachgewiesen ist, doch insoweit ein ***erheblicher Verdacht*** besteht und das erforderliche Vertrauen zerstört ist. Es gelten ***strenge Anforderungen***. Die Erleichterung der Möglichkeit des Ausspruchs einer Verdachtskündigung wird dem Arbeitgeber nur dann gewährt, wenn er alles Zumutbare zur Aufklärung des Kündigungsvorwurfs unternommen hat. Unabdingbar ist deshalb die persönliche ***Anhörung*** des Arbeitnehmers vor Ausspruch der Kündigung. Verbleibt es danach noch bei dem dringenden Verdacht einer schwerwiegenden Vertragspflichtverletzung, so kann eine Verdachtskündigung gerechtfertigt sein, wenn der Vertrauensverlust insbesondere im Hinblick auf die Stellung des Arbeitnehmers im Betrieb dem Arbeitgeber eine Fortsetzung des Arbeitsverhältnisses unzumutbar macht.

Anhörung vor Kündigung

Beispiel:

- *Ein dringender Verdacht, dass ein Arbeitnehmer seine ihm obliegende Verschwiegenheitspflicht verletzt und Informationen aus dem Geschäftsbereich des Arbeitgebers an Konkurrenten mitteilt.*[239]
- *Der dringende Verdacht eines Diebstahls oder einer Unterschlagung auch geringwertiger Gegenstände aus dem Eigentum des Arbeitgebers.*[240]

---

237 **BAG** 23.10.2008 – 2 AZR 483/07 = DB 2009, 1544.

238 **BAG** 31.1.2019 – 2 AZR 426/18.

239 **BAG** 27.1.2011 – 2 AZR 825/09 = NZA 2011, 798.

240 **BAG** 12.8.1999 – 2 AZR 923/98 = NZA 2000, 421.

Der Verdacht einer strafbaren Handlung stellt gegenüber dem Vorwurf, der Arbeitnehmer habe die Tat begangen, einen eigenständigen Kündigungsgrund dar.[241] Bei der Verdachtskündigung handelt es sich um eine personenbedingte Kündigung. Denn durch den gegen einen Arbeitnehmer bestehenden dringenden Verdacht, eine Straftat oder sonstige Vertragspflichtverletzungen gegenüber dem Arbeitgeber begangen zu haben, kann das für die Aufrechterhaltung des Arbeitsverhältnisses erforderliche ***Vertrauen in dessen Eignung*** beeinträchtigt sein, die vertraglich geschuldete Arbeitsleistung zu erbringen.[242] Auch hier wird allgemein – wie bei der erwiesenen Straftat – zwischen außerhalb und innerhalb des dienstlichen Bereichs gezeigtem Verhalten des Arbeitnehmers unterschieden, mit dem der dringende Verdacht begründet wird.

Erheblicher Verdacht kann Vertrauen in Eignung entfallen lassen

Der Verdacht einer schwerwiegenden strafbaren Handlung ist grundsätzlich auch dann geeignet, dem Arbeitgeber die Fortsetzung des Arbeitsverhältnisses für die Dauer einer längeren Frist unzumutbar zu machen, wenn der Arbeitnehmer bereits von der Arbeitspflicht freigestellt ist. Die unwiderrufliche ***Freistellung*** des Arbeitnehmers ist allerdings bei der Interessenabwägung zu berücksichtigen.[243]

Auch vor Beginn des Arbeitsverhältnisses liegende, dem Arbeitgeber bei der Einstellung nicht bekannte Umstände oder Ereignisse können das Vertrauen des Arbeitgebers in die Zuverlässigkeit und Redlichkeit des Arbeitnehmers zerstören.[244] Soweit der dringende Tatverdacht außerdienstliches Verhalten des Arbeitnehmers betrifft, ist für die hierauf gestützte Kündigung wiederum Voraussetzung, dass durch den gegen den Arbeitnehmer bestehenden Verdacht das Arbeitsverhältnis beeinträchtigt und damit seine Eignung zur ordnungsgemäßen Erbringung der Arbeitsleistung zweifelhaft wird. Dies wird bei einem als Bankkassierer tätigen Arbeitnehmer, gegen den sich der Verdacht des Bankeinbruchs in eine fremde Bank richtet, in Betracht

[241] **BAG** 27.1.2011 – 2 AZR 825/09 = NZA 2011, 798.

[242] **BAG** 23.5.2013 – 2 AZR 102/12, NZA 2013, 1416.

[243] **BAG** 5.4.2001 – 2 AZR 217/00 = NZA 2001, 837.

[244] **BAG** 21.2.2001 – 2 AZR 139/00 = NZA 2001, 1136.

kommen. Ähnliches wird für den Verdacht der Untreue oder Unterschlagung gegen einen nebenberuflich als Vermögensberater oder Versicherungsvertreter tätigen Bankangestellten gelten.

6.28. Wehrdienst

Kündigungsschutz für Wehrpflichtige

Gemäß § 2 Abs. 1 ArbPlSchG genießen deutsche Arbeitnehmer von der Zustellung des Einberufungsbescheids bis zur Beendigung des Grundwehrdienstes sowie während einer Wehrübung Kündigungsschutz. Ab dem 1. Juli 2011 ist die allgemeine Wehrpflicht ausgesetzt und dafür nach § 58b Soldatengesetz ein „Freiwilliger Wehrdienst" eingeführt worden. Für diesen freiwilligen Wehrdienst gilt gemäß § 16 Abs. 7 ArbPlSchG der Kündigungsschutz des Grundwehrdienstes. Dieser Schutz wird auch Staatsangehörigen der Mitgliedsstaaten der EU zuzubilligen sein, nicht jedoch ***Angehörigen von Staaten***, die ***nicht EU-Mitglieder*** sind. Diesen wird, je nach den Umständen des Einzelfalls, ein ***Leistungsverweigerungsrecht*** für eine Dauer von ***längstens zwei Monaten zugestanden***, dessen Grenzen sich aus einer objektiven Abwägung der bei dem Aufeinandertreffen von Arbeits- und Wehrpflicht zu berücksichtigenden beiderseitigen schutzwürdigen Interessen ergeben.[245] Denn der Arbeitnehmer befindet sich in einer unverschuldeten Zwangslage zwischen seiner vertraglichen Pflicht zur Arbeitsleistung und der seinem Heimatstaat gegenüber bestehenden Wehrpflicht. Dieses Leistungsverweigerungsrecht gilt aber auch für eine derart kurze Dauer nicht absolut und schließt deshalb die soziale Rechtfertigung einer personenbedingten Kündigung nicht grundsätzlich aus, wenn etwa der wehrdienstbedingte Ausfall des Arbeitnehmers zu einer erheblichen Beeinträchtigung der betrieblichen Interessen führt und nicht durch zumutbare personelle oder organisatorische Maßnahmen zu überbrücken ist.

Entsprechender Schutz nur für Bürger von EU-Mitgliedsstaaten

[245] **BAG** 20.5.1988 – 2 AZR 682/87 = NZA 1989, 464.

7. Darlegungs- und Beweislast

7.1. Verhalten vor Ausspruch der Kündigung.

Keine Auskunftspflicht vor der Kündigung

Grundsätzlich ist der Arbeitnehmer vor Ausspruch der Kündigung dem Arbeitgeber nicht zu Auskünften oder – bei der krankheitsbedingten Kündigung – zur Entbindung seiner Ärzte von der Schweigepflicht verpflichtet. Reagiert ein Arbeitnehmer nicht auf einen entsprechenden Wunsch des Arbeitgebers, verliert er im Prozess in der Regel nicht das Recht, sich auf Fehler in der Einschätzung der von dem Arbeitgeber behaupteten negativen Prognose zu berufen, die dieser hinsichtlich des zu erwartenden weiteren Verlaufs seiner Eignung und Fähigkeit zur Erfüllung der vertraglichen Pflichten aufgestellt hat.[246] Insbesondere ist ein solches Verhalten nicht treuwidrig. Auch an der Aufklärung eines Verdachts braucht sich der Arbeitnehmer nicht aktiv zu beteiligen.[247]

7.2. Darlegungs- und Beweislast im Kündigungsschutzprozess

Arbeitgeber muss Kündigungsgrund und Betriebsratsanhörung darlegen

Gemäß § 1 Abs. 2 Satz 4 KSchG ist der Arbeitgeber darlegungs- und beweispflichtig für die soziale Rechtfertigung und das Fehlen sonstiger Unwirksamkeitsgründe der von ihm ausgesprochenen Kündigung. Deshalb hat er im Falle einer personenbedingten Kündigung den Kündigungsgrund, der aus der negativen Prognose und der erheblichen Beeinträchtigung betrieblicher Interessen besteht, sowie die im Rahmen der Interessenabwägung festzustellende Unzumutbarkeit der Fortsetzung des Arbeitsverhältnisses substantiiert darzulegen und zu beweisen. Ebenso trägt er die Beweislast für die ordnungsgemäße Beteiligung des Betriebs- oder Personalrats vor Ausspruch der Kündigung.

---

[246] **BAG** 12.4.2002 – 2 AZR 148/01 = NZA 2002, 1081.

[247] **BAG** 23.10.2008 – 2 AZR 483/07 = DB 2009, 1544.

7.2.1. Negative Prognose

Abgestufte Darlegungslast

Der Arbeitgeber hat die Umstände, aus denen sich die negative Prognose hinsichtlich der auch in Zukunft zu erwartenden fehlenden Eignung oder Fähigkeit des Arbeitnehmers zur Erfüllung der geschuldeten Arbeitsleistung ergibt, konkret darzulegen und zu beweisen.[248] Obwohl er bei einer krankheitsbedingten Kündigung für die negative Gesundheitsprognose beweispflichtig ist, ist seine Behauptungslast dabei abgestuft.

Arbeitgeber hat Fehlzeiten in der Vergangenheit darzulegen

Er hat die krankheitsbedingten Fehlzeiten der Vergangenheit, die Gefahr künftiger Erkrankungen indizieren können, darzulegen.[249] Neben der Art, Dauer und zeitlichen Abfolge der erheblichen Fehlzeiten hat der Arbeitgeber die Umstände vorzutragen, aus denen sich die Erwartung weiterer Arbeitsausfälle des Arbeitnehmers im bisherigen Umfang ergibt. Treten jedoch während eines Zeitraums von drei Jahren jährlich mehrere Kurzerkrankungen auf, sprechen schon alleine diese Fehlzeiten für künftige Arbeitsausfälle. Der Arbeitgeber darf sich in einer derartigen Gestaltung zunächst darauf beschränken, die Fehlzeiten in der Vergangenheit darzulegen und zu behaupten, in Zukunft seien Krankheitszeiten in entsprechendem Umfang zu erwarten.[250] Ein kürzerer Beobachtungszeitraum wird bei häufigen Kurzerkrankungen nur in Ausnahmefällen die Annahme einer negativen Gesundheitsprognose rechtfertigen.

Behauptung entsprechender zukünftiger Fehlzeiten

Arbeitnehmer muss zur Gesundung vortragen

Der Arbeitnehmer muss sodann gemäß § 138 Abs. 2 ZPO vortragen, weshalb (bei Zugang der Kündigung) trotz der aufgetretenen Fehlzeiten mit seiner baldigen oder bereits erfolgten Gesundung zu rechnen war[251] oder weitere Kurzerkrankungen nicht oder in geringerem Umfang zu erwarten sind. Der Arbeitnehmer genügt seiner ***prozessualen Mitwirkungspflicht*** bei unzureichender ärztlicher Aufklärung oder fehlender Kenntnis seines Gesundheitszustandes und dessen Entwicklung grundsätzlich schon dann, wenn er die Behauptung des Arbeitgebers bestreitet und die behandelnden ***Ärzte von der Schweigepflicht entbindet***.

---

[248] **LAG Rh.-Pf.** 17.7.2012 – 3 Sa 99/12, nv. (juris).

[249] **BAG** 17.6.1999 – 2 AZR 639/98 = NZA 1999, 1328.

[250] **BAG** 17.6.1999 – 2 AZR 639/98 = NZA 1999, 1328.

[251] **BAG** 17.6.1999 – 2 AZR 639/98 = NZA 1999, 1328.

Allerdings muss darin die Darstellung liegen, die Ärzte hätten die künftige gesundheitliche Entwicklung ihm gegenüber als günstig beurteilt.[252] Unbeachtlich ist die Einlassung des Arbeitnehmers dagegen dann, wenn die Berufung auf die behandelnden Ärzte erkennen lässt, dass sich auch der Arbeitnehmer erst durch das Zeugnis die fehlende Kenntnis über den weiteren Verlauf seiner Erkrankung verschaffen will.[253]

Trägt der Arbeitnehmer selbst konkrete Umstände – etwa Einzelheiten zu seinen Erkrankungen – vor, so müssen diese geeignet sein, die Indizwirkung der bisherigen Fehlzeiten zu erschüttern. Er muss jedoch nicht den Gegenbeweis führen, dass nicht mit weiteren künftigen Erkrankungen zu rechnen ist.[254] Die prozessuale Mitwirkungspflicht des Arbeitnehmers wird insbesondere dann bedeutsam, wenn er die Wiederholungsgefahr der in der Vergangenheit aufgetretenen Fehlzeiten erschüttern will. Beruhen einzelne Fehlzeiten der Vergangenheit auf Einzelereignissen, wie Unfällen oder Erkrankungen ohne Wiederholungsgefahr (so Zahnextraktion, ausgeheilter Knochenbruch), ist es im dringenden Interesse des Arbeitnehmers, die Art dieser Erkrankungen unter Nennung der auf sie entfallenden Fehlzeiten genau zu bezeichnen. Er kann mit diesem Vortrag die Indizwirkung der Erkrankungen in der Vergangenheit für die künftig zu erwartende negative Gesundheitsentwicklung erschüttern.

Arbeitnehmer sollte vergangene Krankheitszeiten ohne Wiederholungsgefahr genau darlegen

Unterlässt der Arbeitnehmer eine substantiierte Auseinandersetzung mit dem Vortrag des Arbeitgebers zur negativen Prognose hinsichtlich der Besorgnis seiner zukünftig fehlenden Eignung und Fähigkeit oder verweigert er bei der krankheitsbedingten Kündigung die Entbindung seiner Ärzte von der Schweigepflicht, gilt der Vortrag des Arbeitgebers als zugestanden (§ 138 Abs. 3 ZPO).[255]

Der Arbeitgeber trägt auch bei lang andauernden Erkrankungen die Darlegungs- und Beweislast für die

---

[252] **BAG** 17.6.1999 – 2 AZR 639/98 = NZA 1999, 1328.

[253] **BAG** 17.6.1999 – 2 AZR 639/98 = NZA 1999, 1328.

[254] **BAG** 6.9.1989 – 2 AZR 19/89 = DB 1990, 429.

[255] **BAG** 6.9.1989 – 2 AZR 19/89 = DB 1990, 429.

Arbeitnehmer sollte begonnene Therapie mitteilen

negative Gesundheitsprognose. Der Arbeitnehmer kann die durch den Arbeitgeber zunächst darzulegende negative Prognose durch substantiierten Vortrag erschüttern. Hierzu muss er vortragen, aufgrund welcher konkret zu benennenden Umstände, so wegen einer bestimmten bereits begonnenen Behandlung, Kur oder Therapie, mit der alsbaldigen Wiederherstellung seiner Leistungsfähigkeit zur Erbringung der geschuldeten Arbeitsleistung zu rechnen ist. Ohne einen entsprechenden Vortrag zu begründen, reicht die bloße Behauptung einer Heilungschance nicht aus.[256]

Erschüttert der Arbeitnehmer die negative Prognose durch seine Darlegungen, hat der Arbeitgeber zu beweisen, dass die von ihm behauptete Besorgnis der in Zukunft zu erwartenden fehlenden Eignung oder Fähigkeit des Arbeitnehmers berechtigt war. Für die Unwirksamkeit der Kündigung wegen der nicht bewiesenen negativen Prognose ist nicht erforderlich, dass ein eingeholtes gerichtliches Gutachten die Eignung des Arbeitnehmers positiv feststellt.[257]

7.2.2. Erhebliche Beeinträchtigung betrieblicher Interessen

Arbeitgeber muss Betriebsablaufstörungen und wirtschaftliche Belastungen konkret darlegen

Für die infolge der festgestellten negativen Prognose zu erwartenden erheblichen Beeinträchtigungen betrieblicher Belange durch unzumutbare Betriebsablaufstörungen oder wirtschaftliche Belastungen ist der Arbeitgeber darlegungs- und beweispflichtig. Er hat die negativen betrieblichen Auswirkungen der fehlenden Eignung und Fähigkeit des Arbeitnehmers, die geschuldete Arbeitsleistung zu erbringen, konkret darzulegen. Jede pauschalierte Darstellung ist unzureichend, da der Arbeitgeber aufgrund seiner Sachnähe zu genauer Darlegung der bereits eingetretenen und in Zukunft zu erwartenden Beeinträchtigungen in der Lage ist. Betriebsablaufstörungen sind danach konkret ihrer Art, Dauer und Auswirkung nach sowie hinsichtlich der Unmöglichkeit ihrer Vermeidbarkeit zu bezeichnen.

---

[256] **BAG** 19.5.1993 – 2 AZR 539/92 (juris).

[257] **LAG Köln** 9.2.2000 – 3 Sa 942/98 = NZA 2001, 34.

Erhebliche wirtschaftliche Belastungen, zum Beispiel durch Entgeltfortzahlungskosten, sind ihrer Ursache und Höhe nach konkret darzulegen und bei Bestreiten durch den Arbeitnehmer zu beweisen.[258]

7.2.3. Interessenabwägung

Arbeitgeber muss Unzumutbarkeit der Fortsetzung des Arbeitsverhältnisses darlegen

Auch hinsichtlich der Interessenabwägung trifft den Arbeitgeber die volle Darlegungs- und Beweislast. Er hat alle Umstände vorzutragen, die die Fortsetzung des Arbeitsverhältnisses für ihn billigerweise nicht zumutbar erscheinen lassen. In Konkretisierung des Verhältnismäßigkeitsgrundsatzes gehört hierzu auch ein Vortrag zu einem eventuell durchzuführenden oder durchgeführten BEM gemäß § 167 Abs. 2 SGB IX, jedenfalls nach entsprechender Rüge.[259] Trägt der Arbeitnehmer für ihn günstige, dem Arbeitgeber bisher unbekannte Umstände vor, hat der Arbeitgeber diese Umstände zu widerlegen.[260] Im Rahmen der Interessenabwägung bei einer krankheitsbedingten Kündigung ist von erheblicher Bedeutung, dass die Krankheit des Arbeitnehmers nicht auf betriebliche Ursachen zurückzuführen ist. Der Arbeitgeber trägt die Darlegungs- und Beweislast dafür, dass ein solcher vom Arbeitnehmer behaupteter Zusammenhang nicht besteht. Der Arbeitgeber genügt seiner Darlegungslast zunächst, wenn er die betriebliche Tätigkeit des Arbeitnehmers vorträgt und einen ursächlichen Zusammenhang mit den Fehlzeiten bestreitet. Der Arbeitnehmer muss dann gemäß § 138 Abs. 2 ZPO erklären, weshalb der ursächliche Zusammenhang bestehen soll.[261] Er genügt dieser prozessualen Mitwirkungspflicht, wenn er für seine Behauptung die behandelnden Ärzte von der Schweigepflicht entbindet. Erst nach einem solchen Vortrag des Arbeitnehmers ist es Sache des Arbeitgebers, die fehlende Ursächlichkeit näher darzulegen und sodann zu beweisen. Das Gericht muss zur Klärung dieses strei-

---

[258] **BAG** 25.4.2018 – 2 AZR 6/18.

[259] **Rupp**, Das Betriebliche Eingliederungsmanagement im Kündigungsschutzprozess, NZA 2017, 361.

[260] **BAG** 6.9.1989 – 2 AZR 19/89 = DB 1990, 429.

[261] **BAG** 13.6.1996 – 2 AZR 497/95 (juris).

tigen Sachverhalts die angebotenen Beweise erheben und gegebenenfalls ein Sachverständigengutachten einholen. Es darf nicht ohne weitere Aufklärung und Begründung davon ausgehen, ein ursächlicher Zusammenhang sei nicht auszuschließen und deshalb zu Lasten des Arbeitgebers zu berücksichtigen.

7.2.4. Weiterbeschäftigungsmöglichkeit

Kündigung muss notwendig sein

Nach § 1 Abs. 2 Satz 1 KSchG ist eine personenbedingte Kündigung nur dann sozial gerechtfertigt, wenn die Kündigungsgründe die Kündigung „bedingen", also notwendig machen. Dies ist nur dann der Fall, wenn die fehlende Eignung und Fähigkeit des Arbeitnehmers zur Erfüllung der geschuldeten Arbeitsleistung „einer Weiterbeschäftigung des Arbeitnehmers in diesem Betrieb" zu unveränderten Bedingungen entgegensteht.

Keine Weiterbeschäftigung auf freiem Arbeitsplatz

Hinzukommen muss, dass der Arbeitnehmer auch nicht auf einem freien Arbeitsplatz zu geänderten Bedingungen weiterbeschäftigt werden kann. Denn sonst hätte eine Änderungskündigung als milderes Mittel Vorrang. Die fehlende Weiterbeschäftigungsmöglichkeit zu anderen Bedingungen hat der Arbeitgeber darzulegen und zu beweisen. Allerdings gilt auch insoweit der Grundsatz der abgestuften Darlegungs- und Beweislast. Der Arbeitgeber kann seinen Vortrag zunächst darauf beschränken, dass er keine alternative Einsatzmöglichkeit des Arbeitnehmers kenne. Sodann hat der Arbeitnehmer vorzutragen, wie er sich eine Weiterbeschäftigung vorstellt. Es genügt nicht, dass er lediglich behauptet, eine Weiterbeschäftigung sei möglich, ohne konkrete Vorstellungen über die Art und Weise der von ihm für möglich gehaltenen Weiterbeschäftigung zu äußern. Dies gilt besonders, wenn in einem BEM alternative Beschäftigungsmöglichkeiten erörtert und verworfen wurden. Andererseits hat der Arbeitgeber nach entsprechender Rüge durch den Arbeitnehmer die Nutzlosigkeit eines nicht oder nicht ordnungsgemäß durchgeführten BEM gemäß § 167 Abs. 2 SGB IX zu beweisen.[262] Hierzu muss er von sich

[262] **BAG** 16.7.2015 – 2 AZR 15/15 = NZA 2016, 99.

aus alle denkbaren oder vom Arbeitnehmer genannten Alternativen würdigen und darlegen, warum weder ein Einsatz auf dem bisherigen Arbeitsplatz noch dessen leidensgerechte Anpassung oder Veränderung möglich gewesen wären und der Arbeitnehmer auch nicht auf einem anderen Arbeitsplatz bei geänderter Tätigkeit hätte eingesetzt werden können.[263] Erst dann ist es Sache des Arbeitnehmers, darzulegen, wie er sich eine leidensgerechte Beschäftigung vorstellt. Sodann hat der Arbeitgeber im Einzelnen darzulegen, warum eine Weiterbeschäftigung entgegen der Behauptungen des Arbeitnehmers nicht möglich ist.[264]

---

263 **LAG Hamm** 19.7.2016 – 7 Sa 1707/15 = DB 2016, 2244.

264 **BAG** 24.3.2011 – 2 AZR 170/10 = NZA 2011, 993.

Arbeitnehmer und Arbeitgeber können außerordentlich kündigen

8. Außerordentliche Kündigung

8.1. Überblick

Gemäß § 626 Abs. 1 BGB kann jede Vertragspartei, also sowohl Arbeitnehmer als auch Arbeitgeber, das Arbeitsverhältnis aus wichtigem Grund ***ohne Einhaltung einer Frist*** kündigen. Das Recht zur fristlosen Kündigung kann vertraglich nicht ausgeschlossen werden. Wegen ihrer einschneidenden Wirkung bedarf die außerordentliche Kündigung eines wichtigen Grundes und muss innerhalb von zwei Wochen nach Kenntniserlangung der für die Kündigung maßgeblichen Tatsachen ausgesprochen werden.

8.2 Wichtiger Grund

Fortsetzung bis zur ordentlichen Beendigung unzumutbar

Ein wichtiger Grund im Sinne von § 626 Abs. 1 BGB erfordert, dass dem Kündigenden unter Berücksichtigung aller Umstände und unter Abwägung der Interessen beider Vertragsteile die Fortsetzung des Arbeitsverhältnisses bis zum Ablauf der Kündigungsfrist oder der vereinbarten Beendigung des Arbeitsverhältnisses ***nicht zugemutet werden*** *kann*. Aus dieser Generalklausel wird deutlich, dass die Gründe für eine außerordentliche Kündigung viel schwerer wiegen müssen, als diejenigen für eine ordentliche Kündigung. Die außerordentliche Kündigung kommt nur in Betracht, wenn dem Kündigenden die Fortsetzung bis zum ordentlichen Beendigungstermin, dies ist in der Regel der Ablauf der ordentlichen Kündigungsfrist, nicht zuzumuten ist.

Schwerpunkt verhaltensbedingte Kündigung

§ 626 Abs. 1 BGB unterscheidet bei der außerordentliche Kündigung nicht zwischen verhaltens-, personen- oder betriebsbedingten Gründen. Das Schwergewicht der außerordentlichen Kündigung liegt jedoch klar im Bereich der verhaltensbedingten Gründe. Denn regelmäßig ist die einschneidende Wirkung einer außerordentlichen Kündigung erst bei schwerwiegenden schuldhaften Vertragspflichtverletzungen angebracht.

Beispiele:

- *Straftaten im Arbeitsbereich, etwa Diebstahl und Unterschlagung von Firmeneigentum,*
- *beharrliche Arbeitsverweigerung,*
- *Beleidigungen und Tätlichkeiten.*

Auch personenbedingte Gründe können eine außerordentliche Kündigung rechtfertigen.

Beispiele:

- *Verkehrsdelikte bei Berufskraftfahrern, insbesondere eine Trunkenheitsfahrt,*[265]
- *Antreten einer längeren Freiheitsstrafe.*[266]

Eine außerordentliche Kündigung aus betriebsbedingten Gründen scheidet in der Regel aus.

> Die außerordentliche Kündigung ist stets das unabweisbar letzte Mittel. Sie ist daher nur gerechtfertigt, wenn mildere Mittel ungeeignet sind (ordentliche Kündigung, Änderungskündigung, Versetzung, Abmahnung).

Ob einer außerordentlichen Kündigung eine Abmahnung vorausgehen muss, kann nicht allgemein beantwortet werden. Die typischen Gründe für eine außerordentliche Kündigung, etwa Straftaten gegenüber dem Arbeitgeber, erfordern regelmäßig keine Abmahnung.

Außerordentliche Kündigung mit Auslauffrist bei ordentlicher Unkündbarkeit

Ist ein ***Arbeitnehmer ordentlich unkündbar***, sei es aufgrund Vertrages, Tarifvertrages oder Gesetzes, kann in Ausnahmefällen eine krankheitsbedingte außerordentliche Kündigung in Betracht kommen, die dann allerdings mit einer der ordentlichen Kündigungsfrist entsprechenden sozialen Auslauffrist auszusprechen ist,[267] dies gilt insbesondere für häufige langfristige Erkrankungen oder dauernde Leistungsunfähigkeit.[268]

---

[265] **BAG** 22.8.1963 – 2 AZR 114/63 = DB 1963, 1580.

[266] **BAG** 9.3.1995 – 2 AZR 497/94 = NZA 1995, 777.

[267] **BAG** 18.10.2000 – 2 AZR 627/99 = NZA 2001, 219; **BAG** 18.1.2001 – 2 AZR 616/99 = NZA 2002, 455; **BAG** 25.4.2013 – 2 AZR 579/12 = DB 2013, 2274.

[268] **BAG** 27.11.2003 – 2 AZR 601/02 = NZA 2004, 1118, **BAG** 25.4.2018 – 2 AZR 6/18.

An die Bemühungen des Arbeitgebers, eine andere Beschäftigungsmöglichkeit zu finden und an die Obliegenheit des Arbeitnehmers, an diesen Versuchen des Arbeitgebers kooperativ mitzuwirken, sind dann erhebliche Anforderungen zu stellen.[269] Der Arbeitgeber hat im Prozess von sich aus darzustellen, dass er alles Zumutbare unternommen hat und trotzdem eine Weiterbeschäftigung auch zu geänderten Bedingungen auf absehbare Zeit im Betrieb nicht möglich ist.[270]

8.3. Ausschlussfrist

Ausspruch der Kündigung innerhalb 2 Wochen

Gemäß § 626 Abs. 2 BGB muss die außerordentliche Kündigung innerhalb einer Frist von zwei Wochen ab dem Zeitpunkt ausgesprochen werden, in dem der Kündigungsberechtigte von den für die Kündigung maßgeblichen Tatsachen Kenntnis erlangt. Geschieht dies nicht, so ist das Recht zur außerordentlichen Kündigung verwirkt. Wegen derselben Tatsachen kann dann nur noch eine ordentliche Kündigung ausgesprochen werden.

Die Ausschlussfrist beginnt, wenn der Kündigungsberechtigte eine zuverlässige und möglichst vollständige Kenntnis der maßgeblichen Tatsachen hat, denn er muss über eine ausrechende Entscheidungsgrundlage verfügen. Hat er bislang lediglich unvollständige Kenntnis oder einen bloßen Verdacht, so hat er mit der gebotenen Eile die weiteren Ermittlungen durchzuführen. Hierzu kann auch die Anhörung des betroffenen Arbeitnehmers gehören. Innerhalb der Frist ist der Betriebsrat zu beteiligen, dem eine dreitägige Frist zur Äußerung von Bedenken eingeräumt ist (§102 Abs. 2 Satz 3 BetrVG, siehe Kap. 10).

[269] **BAG** 13.5.2004 – 2 AZR 36/04 = NZA 2004, 1271.

[270] **LAG Sa.-Anh.** 14.5.2015 – 6 Sa 27/14, nv. (juris).

8.4. Umdeutung

Umdeutung in ordentliche Kündigung

Eine ***unwirksame außerordentliche Kündigung*** kann gemäß § 140 BGB in eine ***ordentliche Kündigung*** umgedeutet werden. Fehlt es beispielsweise an einem wichtigen Grund oder ist die Kündigung nicht innerhalb der zweiwöchigen Ausschlussfrist erklärt worden, ist in der Regel zu prüfen, ob die außerordentliche Kündigung nicht als ordentliche Kündigung gelten soll und als solche wirksam ist. Dabei ist allerdings zu beachten, dass bei der ordentlichen Kündigung besondere Anforderungen hinsichtlich der Anhörung des Betriebsrates bestehen, die auch bei einer umzudeutenden Kündigung erfüllt sein müssen.

9. Änderungskündigung

9.1. Überblick

Die Parteien des gegenseitigen Vertrages gehen typischerweise davon aus, dass die Leistung des anderen Teils der eigenen (mindestens) gleichwertig ist. Weichen die tatsächlichen Verhältnisse von den Erwartungen schwerwiegend ab (zum erforderlichen Umfang der Abweichung siehe Stichwort Minderleistung, Kap. 6.17), so kann der Arbeitgeber als Reaktion auf derartige Störungen des Austauschverhältnisses – soweit sie aus der Sphäre des Arbeitnehmers stammen – eine personenbedingte Beendigungskündigung aussprechen.

Vor Beendigungskündigung mildere Mittel prüfen

Eine Kündigung aus personenbedingten Gründen setzt stets voraus, dass auch in Zukunft nicht mit einer Wiederherstellung des Vertraggleichgewichts von Leistung und Gegenleistung zu rechnen ist und kein milderes Mittel zur Verfügung steht. Dieses mildere Mittel kann in der zumutbaren Beschäftigung zu geänderten Vertragsbedingungen liegen, unter Umständen auch in einer Vergütungsreduzierung.[271] Eine solche Weiterbeschäftigung zu geänderten Vertragsbedingungen kann auch dann in Frage kommen, wenn der Arbeitnehmer die vertraglich vereinbarte Arbeitsleistung überhaupt nicht mehr erbringen kann und dem Arbeitgeber ein anderer freier Arbeitsplatz zur Verfügung steht, auf dem der betroffene Arbeitnehmer zu geänderten zumutbaren Vertragsbedingungen weiterbeschäftigt werden kann.

Beschäftigung zu veränderten Bedingungen

Freier Arbeitsplatz erforderlich

Teilkündigung unzulässig

Will der Arbeitgeber als milderes Mittel zur Beendigungskündigung deshalb nur einzelne Vertragsbedingungen ändern, etwa die vereinbarte Tätigkeit und/oder den entsprechenden Verdienst, so muss er eine (ordentliche oder außerordentliche) Änderungskündigung aussprechen. Hierzu kündigt er das Arbeitsverhältnis und bietet dem Arbeitnehmer im Zusammenhang mit der Kündigung die Fortsetzung des Arbeitsverhältnisses zu geänderten Vertragsbedingungen an. Eine Teilkündigung nur einzelner Arbeitsbedingungen ist hingegen in der Regel unzulässig.[272]

---

[271] **BAG**, 11.12.2003 – 2 AZR 667/02 = NZA 2004, 784.

[272] weiterführend in dieser Reihe **Molkenbur**, „Die Änderungskündigung", Rieder Verlag, Münster.

9.2. Möglichkeiten des Arbeitnehmers

Der Arbeitnehmer seinerseits kann auf auf eine Änderungskündigung auf dreierlei Weise reagieren:

Annahme neuer Arbeitsbedingungen ohne Vorbehalt

- Er kann die geänderten Arbeitsbedingungen vorbehaltlos annehmen. Dann haben sich die Parteien auf die neuen Bedingungen geeinigt. Der Arbeitsvertrag besteht mit dem geänderten Inhalt fort.

Vorbehaltlose Ablehnung

- Der Arbeitnehmer kann die geänderten Bedingungen vorbehaltlos ablehnen. Dann zielt die Kündigung nur noch auf die Beendigung des Arbeitsverhältnisses. Will der Arbeitnehmer die Beendigung des Arbeitsverhältnisses nicht hinnehmen, so kann er, wie bei jeder Beendigungskündigung, innerhalb von drei Wochen Kündigungsschutzklage erheben und geltend machen, dass die Kündigung sozial ungerechtfertigt oder aus sonstigen Gründen unwirksam ist. Hat die Kündigungsschutzklage Erfolg, dann besteht das Arbeitsverhältnis zu den alten Bedingungen fort. Wird die Klage aber abgewiesen, endet das Arbeitsverhältnis mit Ablauf der Kündigungsfrist.

Annahme unter Vorbehalt

- Schließlich kann der Arbeitnehmer gemäß §2 KSchG das Änderungsangebot unter dem Vorbehalt annehmen, dass die Änderung der Arbeitsbedingungen nicht sozial ungerechtfertigt ist. Die Annahme des Änderungsangebotes unter Vorbehalt muss der Arbeitnehmer innerhalb der Kündigungsfrist, spätestens jedoch innerhalb von drei Wochen nach Zugang der Kündigung gegenüber dem Arbeitgeber erklären. Im Falle einer außerordentlichen Kündigung ist der Vorbehalt unverzüglich, das heißt ohne schuldhaftes Zögern, zu erklären. Außerdem muss der Arbeitnehmer innerhalb von drei Wochen nach Zugang der Änderungskündigung Klage vor dem Arbeitsgericht erheben. In diesem Rechtsstreit geht es dann nur um die Feststellung, ob die Änderung der Arbeitsbedingungen sozial gerechtfertigt ist. Das Arbeitsverhältnis besteht in jedem Fall fort, je nach Ausgang des Rechtsstreits entweder zu

Rechtsstreit um soziale Rechtfertigung der Änderung

Arbeitsverhältnis besteht in jedem Fall fort, unverändert oder verändert

den geänderten oder zu den bisherigen Bedingungen. Während des laufenden Rechtsstreits ist der Arbeitnehmer verpflichtet, zu den geänderten Bedingen zu arbeiten. Wird später gerichtlich rechtskräftig festgestellt, dass die Änderung der Arbeitsbedingungen sozial ungerechtfertigt ist, ist der Arbeitnehmer gemäß § 8 KSchG so zu stellen, als habe er ununterbrochen zu den alten Bedingungen gearbeitet. Hatten die geänderten Arbeitsbedingungen etwa eine Verminderung des Entgelts zur Folge, so steht dem Arbeitnehmer rückwirkend das volle Gehalt zu.

9.3. Prüfungsmaßstab der Änderungskündigung

Die ordentliche oder außerordentliche Änderungskündigung bedarf zu ihrer Wirksamkeit eines ***Kündigungsgrundes***. Hierfür kommen grundsätzlich auch personenbedingte Gründe in Betracht.

Beispiele:

- *Ein Arbeitnehmer kann die vertraglich geschuldete Arbeitsleistung in der Produktion, die mit dem Heben schwerer Lasten verbunden ist, aus gesundheitlichen Gründen dauerhaft nicht mehr erbringen. Es besteht die Möglichkeit, ihn in einem anderen Arbeitsbereich zu geänderten Vertragbedingungen einzusetzen, an dem er den gestellten Anforderungen gerecht werden kann.*
- *Ein Arbeitnehmer unterschreitet trotz Ausschöpfung seiner persönlichen Leistungsfähigkeit die Normalleistung dauerhaft um ein Drittel. Der Arbeitgeber kann dem Arbeitnehmer die Fortsetzung des Arbeitsverhältnisses bei reduzierter Vergütung anbieten.*

Für die Prüfung des Kündigungsgrundes macht es keinen Unterschied, ob der Arbeitnehmer das Angebot unter Vorbehalt angenommen hat oder nicht, denn er hatte selbst die Wahl. Das Änderungsangebot ist daher in beiden Fällen Prüfungsmaßstab.

Die Rechtsprechung prüft die Änderungskündigung in zwei Stufen:

Zweistufige Prüfung

- Zunächst ist festzustellen, ob die personenbedingten Gründe im Sinne von § 1 KSchG das Änderungsangebot bedingen. Dies ist dann der Fall, wenn ohne die Möglichkeit einer Weiterbeschäftigung zu geänderten Vertragsbedingungen eine Beendigungskündigung ausgesprochen werden könnte.
- Sodann ist in einem zweiten Schritt zu fragen, ob der Arbeitgeber sich darauf beschränkt hat, lediglich solche Änderungen vorzuschlagen, die der Arbeitnehmer billigerweise hinnehmen muss.[273]

[273] **BAG** 23.6.2005, 2 AZR 642/04 = NZA 2006, 92.

10. Beteiligung des Betriebsrates bei personenbedingten Kündigungen

10.1. Überblick

Kündigung ohne Betriebsratsanhörung ist unwirksam

Besteht ein Betriebsrat, so ist er nach *§ 102 BetrVG* vor jeder Kündigung zu hören. Hierzu hat ihm der Arbeitgeber die Gründe für die Kündigung mitzuteilen. Eine ohne Anhörung des Betriebsrates ausgesprochene Kündigung ist unwirksam (§ 102 Abs. 1 S. 3 BetrVG). In betriebsratslosen Betrieben, kann kein Anhörungsverfahren durchgeführt werden, folglich kann eine Kündigung eines Arbeitnehmers auch nicht nach § 102 Abs. 1 S. 3 BetrVG unwirksam sein. Im öffentlichen Dienst und in kirchlichen Einrichtungen gelten für die Beteiligung der Personal- oder Mitarbeitervertretungen gesonderte Regelungen.

Anhörung vor Kündigung

Die Beteiligung des Betriebsrates hat vor jeder Kündigung zu erfolgen, also auch vor Kündigungen in den ersten sechs Monaten des Arbeitsverhältnisses, in denen Arbeitnehmer noch keinen Kündigungsschutz nach dem Kündigungsschutzgesetz genießen (§ 1 Abs. 1 KSchG).

kein Vetorecht

Der Betriebsrat hat nach § 102 BetrVG nur ein ***Anhörungsrecht***, die Kündigung bedarf somit nicht seiner Zustimmung. Äußert sich der Betriebsrat gegen die beabsichtigte Kündigung, so kann der Arbeitgeber gleichwohl eine Kündigung aussprechen, wenn er nur zuvor das Anhörungsverfahren ordnungsgemäß durchgeführt hat. Erweiterte Beteiligungsrechte des Betriebsrats im Zusammenhang mit dem Ausspruch von Kündigungen können in Tarifverträgen oder auch in Betriebsvereinbarungen enthalten sein.

10.2. Unterrichtung des Betriebsrats

umfassende Unterrichtung

Der Arbeitgeber hat den Betriebsrat über die beabsichtigte Kündigung und ihre Gründe zu unterrichten. Eine Form ist hierfür nicht vorgeschrieben. Allerdings muss für den Betriebsrat deutlich werden, dass ein Anhörungsverfahren eingeleitet worden ist, weil vom Zeitpunkt der Einleitung des Anhörungsverfahrens an die Fristen für die Äußerung von Bedenken oder für die Abgabe eines Widerspruchs für den Betriebsrat zu laufen beginnen.

Inhalt der Unterrichtung

Der Arbeitgeber hat

- die Personalien des zu kündigenden Mitarbeiters einschließlich der Beschäftigungsdauer,
- einen etwaigen Sonderkündigungsschutz,
- die Art der beabsichtigten Maßnahme (ordentliche oder außerordentliche Kündigung bzw.) sowie
- die ***aus seiner Sicht*** tragenden Kündigungsgründe (sogenannte subjektive Determination)

mitzuteilen und sollte hierauf besondere Sorgfalt verwenden. Denn:

Kündigung bei unzureichender Unterrichtung unwirksam

> Eine Kündigung ist nicht erst dann unwirksam, wenn die Unterrichtung des Betriebsrates ganz unterblieben ist, sondern bereits, wenn der Arbeitgeber seiner Unterrichtungspflicht nicht richtig, insbesondere nicht ausführlich genug nachkommt.

Der Arbeitgeber genügt daher der ihm obliegenden Mitteilungspflicht nicht, wenn er den Kündigungssachverhalt nur pauschal, schlagwort- oder stichwortartig umschreibt oder lediglich ein Werturteil abgibt. Vielmehr muss er die für seine Bewertung maßgeblichen Tatsachen mitteilen. Auf Grund der vom Arbeitgeber erteilten Informationen muss nämlich der Betriebsrat ohne eigene Nachforschungen selbst die Stichhaltigkeit der Kündigungsgründe prüfen können und in der Lage sein, sich ein Bild zu machen.[274] Die pauschale Umschreibung des Kündigungsgrundes durch ein Werturteil erfüllt ausnahmsweise dann die Anforderungen

[274] **BAG** 21.6.2001 – 2 AZR 30/00 = ZTR 2002, 45.

der Mitteilungspflicht, wenn der Arbeitgeber seine Motivation nicht mit konkreten Tatsachen belegen kann.[275]

Der Inhalt der Unterrichtung nach § 102 Abs. 1 S. 2 BetrVG ist deshalb grundsätzlich subjektiv determiniert. Der Arbeitgeber muss dem Betriebsrat die Umstände mitteilen, die seinen Kündigungsentschluss tatsächlich bestimmt haben. Dem kommt der Arbeitgeber dann nicht nach, wenn er dem Betriebsrat einen schon aus seiner eigenen Sicht unrichtigen oder unvollständigen Sachverhalt unterbreitet. Schildert er dem Betriebsrat bewusst einen solchen irreführenden Kündigungssachverhalt, der sich bei der Würdigung durch den Betriebsrat zum Nachteil des Arbeitnehmers auswirken kann, ist die Anhörung unzureichend und die Kündigung unwirksam.

Die subjektive Überzeugung des Arbeitgebers von der Relevanz oder Irrelevanz bestimmter Umstände ist für den Umfang der Unterrichtung § 102 Abs. 1 S. 2 BetrVG aber dann nicht maßgeblich, wenn dadurch der Zweck der Betriebsratsanhörung verfehlt würde. Der Arbeitgeber darf ihm bekannte Umstände, die sich bei objektiver Betrachtung zugunsten des Arbeitnehmers auswirken können, dem Betriebsrat nicht deshalb vorenthalten, weil sie für seinen eigenen Kündigungsentschluss nicht von Bedeutung waren.[276]

Dem Betriebsrat nicht mitgeteilte Gründe können im Prozess nicht verwertet werden

Kündigungsgründe, die dem Arbeitgeber bei Ausspruch der Kündigung bereits bekannt waren, die er aber dem Betriebsrat nicht mitgeteilt hat, können in einem späteren Kündigungsschutzprozess nicht verwertet werden, da es insoweit an einer ordnungsgemäßen Betriebsratsanhörung fehlt. Der Arbeitgeber kann daher ihm bekannte, dem Betriebsrat aber nicht mitgeteilte ***Kündigungsgründe*** selbst dann nicht zur Rechtfertigung der Kündigung ***„nachschieben“***, das heißt in den Prozess einführen, wenn der Betriebsrat der Kündigung zugestimmt hat.[277] Kannte der Arbeitgeber die Kündigungsgründe aber bei Ausspruch der Kündigung noch nicht, so kann er sie im nachfolgenden Kündigungsschutzprozess noch

---

[275] **BAG** 8.9.1988 – 2 AZR 103/88 = NZA 1989, 852.

[276] **BAG** 22.9.2016 – 2 AZR 700/15 = NZA 2017, 304.

[277] **BAG** 26.9.1991 – 2 AZR 132/91 = DB 1992, 2196.

einbringen, wenn er zuvor den Betriebsrat zu dem nachträglich bekannt gewordenen Kündigungsgrund anhört. Unschädlich ist es allerdings stets, wenn der Arbeitgeber im Kündigungsschutzprozess die dem Betriebsrat vor Ausspruch der Kündigung mitgeteilten Kündigungsgründe lediglich näher erläutert.[278]

Zu beachten ist, dass bei einer Kündigung wegen ***häufiger Kurzerkrankungen*** der Arbeitgeber dem Betriebsrat nicht nur die bisherigen Fehlzeiten und die Art der Erkrankungen (soweit ihm bekannt) im Einzelnen mitzuteilen hat, sondern auch die Betriebsbeeinträchtigungen, die infolge der Fehlzeiten entstanden sind und mit denen er noch rechnet.[279] An die Mitteilungspflicht des Arbeitgebers gegenüber dem Betriebsrat sind allerdings hinsichtlich der wirtschaftlichen und betrieblichen Belastungen keine so strengen Anforderungen zu stellen, wie an seine Darlegungslast im Kündigungsschutzprozess. Sie kann sogar entbehrlich sein, wenn der Betriebsrat oder der Betriebsratvorsitzende die Folgen wiederholter Fehlzeiten genau kennen.[280]

10.3. Reaktion des Betriebsrates

Stellungnahmefrist 1 Woche, bei außerordentlicher Kündigung 3 Tage

Für den Betriebsrat beträgt die Frist zur Stellungnahme bei der ordentlichen Kündigung eine Woche und bei der außerordentlichen Kündigung drei Tage. Will der Betriebsrat Bedenken gegen die Kündigung vorbringen, so hat er dies innerhalb der Fristen schriftlich unter Angabe der Gründe zu tun. Nach Fristablauf gilt seine Zustimmung zur Kündigung als erteilt.

Kündigung vor Ablauf der Wochenfrist nur nach eindeutiger abschließender Stellungnahme des Betriebsrates

Einer Äußerung des Betriebsrats während des Anhörungsverfahrens kommt indes nur fristverkürzende Wirkung zu, wenn ihr der Arbeitgeber unzweifelhaft entnehmen kann, dass es sich um eine abschließende Stellungnahme handelt. Erklärt der Betriebsrat dies nicht ausdrücklich, ist der Inhalt seiner Mitteilung durch Auslegung zu ermitteln. Diese muss eindeutig

---

[278] **BAG** 7.11.2002 – 2 AZR 599/01 = DB 2003, 724; **LAG Schl.-Holst.** 1.9.2004 – 3 Sa 210/04, LAGReport 2004, 375.

[279] **BAG** 7.11.2002 – 2 AZR 493/01, ZTR 2003, 304.

[280] **BAG** 24.11.1983 – 2 AZR 347/82 = DB 1984, 1149.

ergeben, dass der Betriebsrat sich bis zum Ablauf der Anhörungsfrist nicht noch einmal – und sei es „nur" zur Ergänzung der Begründung seiner bereits eröffneten Entschließung – äußern möchte. Besondere Anhaltspunkte für eine abschließende Stellungnahme liegen regelmäßig vor, wenn der Betriebsrat dem Arbeitgeber mitteilt, er stimme der beabsichtigten Kündigung ausdrücklich und vorbehaltlos zu oder erklärt, von einer Äußerung zur Kündigungsabsicht abzusehen. Fehlt es an sicheren Anhaltspunkten dafür, dass sich der Betriebsrat in keinem Fall mehr zur Kündigungsabsicht äußern wird, muss der Arbeitgeber, sofern er die Kündigung vor Ablauf der Wochenfrist erklären will, beim Betriebsratsvorsitzenden nachfragen und um entsprechende Klarstellung bitten. Auf dessen Erklärung darf er sich verlassen.[281]

Kündigung trotz Widerspruch

Bei einer beabsichtigten ordentlichen Kündigung kann der Betriebsrat zudem der Kündigung innerhalb der Wochenfrist schriftlich widersprechen. Ein Widerspruch ist nicht nur bei betriebsbedingten Kündigungen, sondern auch bei personen- oder verhaltensbedingten Kündigungen möglich. Auch im Falle eines förmlichen Widerspruchs ist der Arbeitgeber nicht daran gehindert, die Kündigung auszusprechen. Ein ordnungsgemäßer Widerspruch hat allerdings zur Folge, dass der gekündigte Arbeitnehmer, sofern er rechtzeitig Kündigungsschutzklage erhebt, auf sein Verlangen bis zum rechtskräftigen Abschluss des Rechtsstreits bei unveränderten Bedingungen weiterbeschäftigt werden muss. Um dem Weiterbeschäftigungsanspruch des Arbeitnehmers auszulösen, muss der Betriebsrat in seinem Widerspruch konkrete Tatsachen anführen, die einen der fünf Widerspruchsgründe des § 102 Abs. 3 BetrVG betreffen. Bei personenbedingten Kündigungen ist etwa an die Möglichkeit zu denken, den Arbeitnehmer, der aus krankheitsbedingten Gründen nicht mehr auf seinem bisherigen Arbeitsplatz eingesetzt werden kann, auf einem anderen freien Arbeitsplatz im Betrieb oder Unternehmen weiterzubeschäftigen (§ 102 Abs. 3 Nr. 3 BetrVG).

[281] **BAG** 25.5.2016 – 2 AZR 345/15 = NZA 2016, 1140.

10.4. Anhörung des Betriebsrats bei einer Änderungskündigung

Bei Änderungskündigung Inhalt Änderungsangebot mitteilen

Bei einer Änderungskündigung ist der Betriebsrat ebenfalls gemäß § 102 BetrVG nach den vorstehenden Grundsätzen zu beteiligen. Zu beachten ist, dass der Arbeitgeber den Betriebsrat auch zum Inhalt des Änderungsangebotes zu unterrichten hat, denn sonst kann der Betriebsrat die Wirksamkeit der Kündigung nicht beurteilen.[282]

Bei Versetzung zugleich Mitbestimmungsverfahren nach § 99 BetrVG

Sofern mit der Änderungskündigung eine Versetzung im Sinne des §95 Abs. 3 BetrVG oder eine Umgruppierung verbunden ist, hat der Arbeitgeber neben der Anhörung des Betriebsrates nach § 102 BetrVG auch die Zustimmung des Betriebsrates zur geplanten Versetzung oder Umgruppierung nach § 99 Abs. 1 BetrVG einzuholen. Solange der Arbeitgeber das erforderliche Mitbestimmungsverfahren nach § 99 Abs. 1 BetrVG nicht – erfolgreich – durchgeführt hat, braucht der Arbeitnehmer der Versetzung nicht nachzukommen.[283]

10.5. Umdeutung einer außerordentlichen Kündigung in eine ordentliche Kündigung (Rolle des Betriebsrats)

Für Umdeutung Anhörung zur ordentlichen Kündigung erforderlich

Eine unwirksame außerordentliche Kündigung kann gemäß § 140 BGB in eine ordentliche Kündigung umgedeutet werden. Fehlt es beispielsweise an einem wichtigen Grund oder ist die Kündigung nicht innerhalb der zweiwöchigen Ausschlussfrist erklärt worden, ist in der Regel zu prüfen, ob die außerordentliche Kündigung nicht als ordentliche Kündigung gelten soll und als solche wirksam ist. Dabei ist allerdings zu beachten, dass eine Umdeutung grundsätzlich nur möglich ist, wenn der Betriebsrat in dem Anhörungsverfahren nach § 102 BetrVG auf die Möglichkeit einer Umdeutung hingewiesen und somit auch zu einer beabsichtigten

[282] **BAG** 11.10.1989 – 2 AZR 61/89 = NZA 1990, 607.

[283] **BAG** 07.11.2002–2 AZR 650/00 (juris).

ordentlichen Kündigung unter Beachtung der hierfür geltenden Äußerungsfrist von einer Woche vorsorglich gehört worden ist. Lediglich dann, wenn der Betriebsrat ausdrücklich und vorbehaltlos der außerordentlichen Kündigung zugestimmt hat und einer ordentlichen Kündigung erkennbar nicht entgegengetreten wäre, reicht die wirksame Anhörung zur außerordentlichen Kündigung auch zur ordentlichen Kündigung aus.[284]

Bei außerordentlichen Kündigung mit Auslauffrist Anhörung wie ordentliche Kündigung

Ist ein Arbeitnehmer ordentlich unkündbar, sei es aufgrund Vertrages, Tarifvertrages oder Gesetzes, kann in Ausnahmefällen eine krankheitsbedingte außerordentliche Kündigung in Betracht kommen, die dann allerdings mit einer der einschlägigen ordentlichen Kündigungsfrist entsprechenden sozialen Auslauffrist auszusprechen ist und bei der dem Arbeitnehmer auch ein Schutzstandard zu gewähren ist, der dem der ordentlichen Kündigung entspricht.[285] Insbesondere ist auch bei der Betriebsratsanhörung diesem die volle Frist von einer Woche zur Stellungnahme einzuräumen.[286]

Eine solche Kündigung kommt etwa bei einer krankheitsbedingten dauernden Unfähigkeit des Arbeitnehmers in Betracht, seine vertraglich geschuldete Arbeitsleistung zu erbringen.[287] Hat ein Arbeitgeber in einem solchen Fall eine außerordentliche Kündigung ohne soziale Auslauffrist ausgesprochen, so ist eine Umdeutung einer solchen außerordentlichen Kündigung in eine außerordentliche Kündigung mit der notwendigen Auslauffrist grundsätzlich nur dann möglich, wenn der Betriebs- oder Personalrat nach den für eine ordentliche Kündigung geltenden Bestimmungen beteiligt worden ist.[288]

---

[284] **BAG** 20.9.1984 – 2 AZR 633/82 = NZA 1985, 286.

[285] **BAG** 12.1.2006 – 2 AZR 242/05 = NZA 2006, 512.

[286] **BAG** 12.1.2006 – 2 AZR 242/05 = NZA 2006, 512.

[287] **BAG** 12.1.2006 – 2 AZR 242/05 = NZA 2006, 512.

[288] **BAG** 18.10.2000 – 2 AZR 627/99 = NZA 2001, 219.

11. Kündigungsschutzklage

11.1. Klagefrist

Klagefrist 3 Wochen

Will sich ein Arbeitnehmer gegen eine ordentliche oder außerordentliche Kündigung zur Wehr setzen, so kann er vor dem Arbeitsgericht eine Kündigungsschutzklage erheben. Die Klage muss innerhalb einer Frist von drei Wochen nach Zugang der schriftlichen Kündigung beim Arbeitsgericht eingehen.

Beispiel:

- *Eine schriftliche Kündigung geht am Montag, dem 5.2. zu. Die Klage muss beim Arbeitsgericht bis spätestens zum Ablauf des 26.2., wieder ein Montag, eingehen.*

Läuft die Klagefrist an einem Samstag, Sonntag oder gesetzlichen Feiertag ab, so tritt an die Stelle dieses Tages der nächste Werktag (§ 193 BGB).

Nach Fristablauf gilt Kündigung als rechtswirksam

> Versäumt der Arbeitnehmer die Dreiwochenfrist, so kann er die Unwirksamkeit der Kündigung nicht geltend machen. Die Kündigung gilt dann als von Anfang an rechtswirksam (§§ 7, 13 KSchG).

Die Dreiwochenfrist findet keine Anwendung auf formnichtige Kündigungen, also etwa mündliche, per Telefax oder Email ausgesprochene Kündigungen (vgl. oben in Kap. 2.3). Auch die Nichteinhaltung der Kündigungsfrist kann der Arbeitnehmer dann außerhalb der fristgebundenen Klage nach § 4 S. 1 KSchG geltend gemacht werden, wenn sich der Kündigungserklärung im Wege der Auslegung entnehmen lässt, dass der Arbeitgeber auf jeden Fall eine fristwahrende Kündigung aussprechen wollte.[289]

[289] **BAG** 1.9.2010 – 5 AZR 700/09 = DB 2010, 2620.

11.2. Prozessverlauf

Keine Anwaltspflicht vor Arbeitsgerichten

Die Kündigungsschutzklage ist in der Regel bei dem für den Sitz des Betriebes zuständigen Arbeitsgericht einzureichen. Der Arbeitnehmer kann die Klage selbst erheben oder sich durch einen Rechtsanwalt oder eine Gewerkschaft vertreten lassen. Die Klage kann auch zu Protokoll der Rechtsantragsstelle des Arbeitsgerichts erklärt werden. Sie bedarf der Schriftform, muss Kläger und Beklagten jeweils einschließlich Anschrift bezeichnen und einen Klageantrag nebst Begründung enthalten. Da gemäß § 1 Abs. 1 S. 4 KSchG der Arbeitgeber, also der Beklagte, die Tatsachen zu beweisen hat, die die Kündigung bedingen, sind im Übrigen an eine Kündigungsschutzklage keine besonderen Voraussetzungen geknüpft. Unter Kap. 11.3. findet sich das Muster einer Kündigungsschutzklage.

Das Arbeitsgericht stellt die Kündigungsschutzklage dem Arbeitgeber zu und bestimmt gleichzeitig den Termin zur mündlichen Verhandlung. Diese beginnt zunächst mit der Güteverhandlung vor dem Vorsitzenden der zuständigen Kammer, in der dieser versucht, eine einvernehmliche Lösung zwischen den Parteien herbeizuführen und den Rechtsstreit durch einen Vergleich zu beenden. Ein solcher Vergleich enthält in der Regel eine einvernehmliche Beendigung des Arbeitsverhältnisses gegen Zahlung einer Abfindung. Kommt keine Einigung zustande, wird ein Kammertermin anberaumt. Die Kammer besteht aus einem Berufsrichter und zwei ehrenamtlichen Richtern, von denen je einer aus Kreisen der Arbeitnehmer und der Arbeitgeber stammt. Kommt es auch in der Kammerverhandlung zu keiner Einigung zwischen Arbeitnehmer und Arbeitgeber, wird der Rechtsstreit von der Kammer durch Urteil entschieden.

Berufung zu Landesarbeitsgerichten

Gegen ein Urteil des Arbeitsgerichts kann in jedem Kündigungsschutzverfahren die Berufung zum Landesarbeitsgericht eingelegt werden. Im Berufungsverfahren müssen sich Arbeitnehmer und Arbeitgeber durch einen Rechtsanwalt oder Gewerkschafts- bzw. Arbeitgeberverbandsvertreter vertreten lassen. Gegen die Urteile der Landesarbeitsgerichte ist die Revision zum Bundesarbeitsgericht möglich, wenn die Revision

Revision zum Bundesarbeitsgericht

vom Landesarbeitsgericht oder – auf eine so genannte Nichtzulassungsbeschwerde – vom Bundesarbeitsgericht zugelassen worden ist.

11.3. Muster einer Kündigungsschutzklage

Manfred Muster
Bellheimer Straße 100
39576 Stendal

Stendal, den 6.3.2022

An das
Arbeitsgericht Stendal
Scharnhorststraße 42
39576 Stendal

Klage

gegen

die X GmbH
Speyerer Straße 11
39576 Stendal

Ich beantrage

festzustellen, dass das Arbeitsverhältnis zwischen den Parteien durch die Kündigung vom 27.2.2022 nicht aufgelöst ist.

Begründung:

Ich bin seit dem 1.4.1999 bei der Beklagten als Schichtleiter beschäftigt.

Beweis: beigefügter Arbeitsvertrag vom 23.3.1999

Die Beklagte beschäftigt regelmäßig mehr als 10 vollbeschäftigte Arbeitnehmer (bzw. mehr als fünf vollbeschäftigte Arbeitnehmer, deren Arbeitsverhältnis vor dem 1.1.2004 begonnen hat).

Mit Schreiben vom 27.2.2022 hat die Beklagte das Arbeitsverhältnis zum 31.3.2022 gekündigt.

Beweis: beigefügtes Kündigungsschreiben vom 27.2.2022

Das Kündigungsschreiben ist mir am 2.3.2022 zugegangen.

Die Kündigung ist unbegründet. Sollte sie aus betriebsbedingten Gründen ausgesprochen worden sein, wird die Sozialauswahl gerügt. Für diesen Fall wird der Arbeitgeber aufgefordert, die Gründe anzugeben, die zu der getroffenen sozialen Auswahl geführt haben.

Es besteht ein Betriebsrat. Die ordnungsgemäße Anhörung des Betriebsrates wird bestritten. Außerdem hat der Arbeitgeber die Kündigungsfrist nicht eingehalten.

....

(Unterschrift: Manfred Muster)

Stichwortverzeichnis

W